AF561327

ISBN:9798320112558

Dedico este libro a mi familia: la que conocí, la que conozco, y la que jamás conoceré

Índice

Aviso legal

Toda la información, opiniones, gráficos y cálculos contenidos en este libro se exponen a título meramente informativo, por lo que no constituyen ninguna recomendación de inversión, invitación, oferta, solicitud o asesoramiento. Por lo tanto, no deben ser utilizados para la valoración de activos, ni servir de base para recomendaciones de inversión.

Introducción

Escribir un libro es una tarea que requiere dedicación, constancia, y sobre todo, tiempo. Mucho tiempo, si realmente quieres aportar valor al lector, tal y como he pretendido desde el primer momento en el cual decidí que iba a escribir este libro.

Siendo consciente de que nuestro tiempo es finito, escaso, y que dicha escasez es lo que le otorga un valor incalculable, (ya que no podemos saber cuándo nos iremos de este mundo, o cuándo finalizará nuestra vida "útil"), ¿por qué he dedicado parte de mi escaso tiempo vital a escribir este libro?

Pues bien, los motivos que me han llevado a escribirlo son, básicamente, los siguientes:

1. Difundir conocimientos de gran valor añadido para que las personas puedan generar riqueza.

En las escuelas, institutos, e incluso en las universidades, no se transmiten conocimientos financieros para generar riqueza, ni tan siquiera en los grados universitarios vinculados al ámbito financiero.

Se enseñan conocimientos que jamás utilizará un estudiante. Se explican acontecimientos históricos de escasa relevancia. Pero en cambio, no se dan clases de finanzas personales, ni se transmiten conocimientos financieros básicos para generar -o mantener- la riqueza personal. Riqueza que puede servirte para tener una mejor calidad de vida, para que consigas hacer realidad tus sueños o, simplemente, para que puedas ser (más) libre, tanto tú, como tu familia. ¿Por qué ocurre esto? ¿Crees, sinceramente, que ninguno de nuestros ancestros ha valorado jamás la conveniencia, o la necesidad, de incluir estos conocimientos en los planes de estudios?

El hecho de que estos conocimientos financieros no se enseñen en las escuelas e institutos, no es algo fortuito. Los gobiernos y las élites económicas siempre han querido que el pueblo sea ignorante, para así ser pobre y dependiente del Estado. Saben que el conocimiento financiero puede hacer que algún día seas libre, o que lo sean sus hijos, y es algo que va en contra de sus intereses: ellos quieren que mueras siendo pobre, pese a haber estado trabajando duro toda tu vida, para que tus hijos se vean obligados a seguir el mismo camino, y así sucesivamente. Este patrón no ha dejado de repetirse a lo largo de la historia.

2. Intentar cambiar la percepción del público hacia los mercados de valores.

La inversión en negocios reales, materializada a través de los mercados de valores, está concebida –erróneamente- como una actividad especulativa y, por tanto, peligrosa. El único riesgo, es el de no saber lo que uno está haciendo, y aplica en cualquier disciplina. Evidentemente, en la bolsa existe especulación, pero no es una característica innata de la bolsa, sino más bien de algunos de sus participantes.

3. Dejar un legado de conocimiento para mis descendientes.

Seguramente, al escuchar la palabra “bolsa” has activado tu sensor personal de protección frente al riesgo, y es normal que sea así, ya que vivimos en una sociedad que fomenta el binomio ‘bolsa-riesgo’. Efectivamente, la inversión en bolsa, o en el mercado de valores, no está libre de riesgos. ¿Y qué hay en la vida que no tenga riesgo? Los riesgos forman parte de nuestro día a día. Por tanto, debes asumir esta realidad, y afrontarla con responsabilidad, para poder participar y tener éxito, no solo en la inversión, sino en cualquier faceta de la vida real. Si pretendes multiplicar tu patrimonio estando sentado en el sofá, y sin querer asumir ningún riesgo, lamento decirte que jamás alcanzarás tus sueños. Ahora bien, si estás dispuesto a asumir y gestionar riesgos relativos, el mercado de valores es un mecanismo perfecto para poder multiplicar tu patrimonio en el largo plazo, siempre y cuando sepas lo que estás haciendo y hayas adquirido los atributos necesarios para conseguirlo.

Los negocios mueven el mundo. Son organizaciones eficientes de recursos materiales y humanos, que producen y comercializan bienes y/o servicios demandados por el público. Invertir en negocios significa participar en proyectos empresariales, algunos de los cuales pueden ser ilusionantes.

Muchas personas no quieren invertir en negocios reales por miedo a la pérdida, o temor al fracaso. Creen que el hecho de no invertir en negocios les protege frente al riesgo de perder dinero. Pero, ¿y si te digo que, en realidad, no invertir en negocios es, precisamente, una forma segura de perder dinero? ¿Sabes cuánto se han devaluado tus ahorros en los últimos 5 o 10 años? ¿Cuánto dinero necesitabas de niño para comprar golosinas, y cuanto necesitas ahora? La devaluación constante de la moneda, o el incremento del precio de los bienes y servicios provocado por la inflación, es una realidad. La inflación es un fenómeno global que genera empobrecimiento. Es un impuesto oculto que se come tus ahorros. ¿Qué podemos hacer para proteger nuestros ahorros? ¿Cómo podemos evitar que el gobierno de turno diluya el dinero que tanto nos ha costado ganar, con la inflación que provocan sus políticas expansionistas? Sin lugar a dudas, la inversión en negocios reales nos da la mejor protección frente a este empobrecimiento programado, por los motivos que explico más adelante.

Entiendo que todo esto de "invertir en negocios" te puede parecer algo intimidante al principio, sobre todo si no lo has hecho nunca, y no estás familiarizado con los negocios. Es normal, para mí también fue intimidante al principio. Por esto aconsejo siempre actuar con prudencia y cautela.

Espero que este libro sirva para que tengas otra visión sobre la bolsa y la inversión en negocios reales. Asimismo, espero que también sirva para que estés bien enfocado a la hora de invertir. Saber distinguir lo que es importante, de lo que no lo es, y lo que quieres, de lo que no quieres, es casi la mitad del éxito. Si algún día te encuentras diciendo "no" a la inmensa mayoría de las inversiones que te proponen, seguramente estarás yendo en la dirección que conduce al éxito.

Por último, espero que las enseñanzas que he depositado en este libro contribuyan a que puedas llegar a multiplicar tu patrimonio personal. El legendario inversor Warren E. Buffett dijo, en más de una ocasión, que *"el precio es lo que pagas, y el valor es lo que recibes"*. Pues bien, creo sinceramente que el valor que vas a recibir con este libro supera, con creces, el precio que hayas podido pagar para comprarlo. He tenido que dedicar muchos años de mi vida a la inversión, y al continuo aprendizaje, para poder adquirir los conocimientos que te transmito en este libro.

No obstante, ten en cuenta que este libro es solo una pequeña muestra, muy selectiva, de algo mucho más grande, por lo que te recomiendo que sigas leyendo y aprendiendo tras leer este libro, ya que la carrera del inversor no tiene fin. En mi opinión, merece la pena adentrarse en este mundo de la inversión, ¡los resultados a largo plazo pueden sorprenderte muy gratamente!

1. Los mercados de valores

Seguramente habrás escuchado, o leído, acerca de los mercados de valores. ¿Qué son? ¿Qué es la bolsa de valores?

En primer lugar, debes saber que no existe una bolsa de valores, sino que existen varias bolsas de valores en todo el mundo. No obstante, las bolsas de valores más conocidas e importantes se encuentran en los Estados Unidos de América; en particular, son el NYSE (New York Stock Exchange) y el NASDAQ (National Association of Securities Dealers Automated Quotation), conocida esta última como la bolsa de los valores tecnológicos. También son conocidas las bolsas de Tokio, Londres, Paris, Frankfurt o Shanghái, por citar algunas más, si bien existen muchas otras bolsas, puesto que casi todos los países civilizados del mundo disponen, como mínimo, de una bolsa o mercado de valores.

La bolsa de valores es un mercado, así de simple. Cuando vamos al mercado de nuestro barrio a comprar alimentos intercambiamos bienes, es decir, entregamos una determinada cantidad de dinero a cambio de una determinada cantidad de alimentos. En la bolsa de valores ocurre exactamente lo mismo, la única diferencia es que en este caso entregamos una determinada cantidad de dinero a cambio de una determinada cantidad de títulos, denominados "acciones" o "valores", que representan una participación en un negocio real. Es por esto que las bolsas de valores también son conocidas como mercados de valores.

No obstante, a diferencia de lo que ocurre con otros mercados, la bolsa de valores es un mercado organizado, regulado y supervisado por un determinado organismo público. En el caso de los Estados Unidos de América, es la SEC (Securities Exchange Commission) quien se encarga de realizar estas funciones. Hay que tener en cuenta que en la bolsa de valores no se intercambian bienes físicos, sino activos financieros que son bienes intangibles, por lo que es de suma importancia que la información publicada por cada una de las sociedades que participan en el mercado de valores sea veraz, ya que tanto compradores como vendedores utilizan dicha información para formar sus decisiones de compra o de venta.

Por otro lado, debe señalarse que la bolsa de valores reúne una determinada cantidad de acciones o valores de empresas que, de forma totalmente voluntaria, han decidido formar parte de este mercado organizado. Se trata de empresas que, en algún momento de su vida, han decidido que sus acciones puedan ser negociadas por el público en general. No obstante, existen miles y miles de empresas que no quieren que sus acciones sean admitidas a negociación en un mercado de valores. Así pues, la bolsa de valores no representa de forma fiel la economía del país en el que se encuentra, sino que solamente representa la evolución de las empresas que han decidido formar parte de ese mercado organizado. Además, en un mundo cada vez más globalizado, los ingresos que obtienen las empresas no suelen proceder de un único país –normalmente el país de residencia o establecimiento- sino que proceden de múltiples países, por lo que la evolución de una empresa no está correlacionada con la evolución del país en el cual está establecida.

En conclusión: la bolsa de valores es un mercado, en el cual compradores y vendedores se intercambian activos financieros a cambio de dinero. Y cualquier persona, empresa o institución, puede participar en estos mercados, adquiriendo y vendiendo activos financieros.

2. ¿Cómo puedo invertir en los mercados de valores?

La compraventa de acciones cotizadas -negociadas en un mercado secundario de valores- debe hacerse a través de una agencia de valores o corredor de bolsa (también conocido como "bróker").

Históricamente, los brókers tradicionales percibían honorarios relativamente elevados, lo cual suponía, de facto, junto con las limitaciones tecnológicas del momento, una barrera de entrada para muchos inversores que disponían de poco capital para invertir. En consecuencia, durante décadas la compraventa de acciones ha estado reservada a instituciones, gestores de capitales o grandes patrimonios. No obstante, en los últimos años han aparecido muchos brókers de bajo coste, que operan a través de plataformas online, y gracias a su operativa fácil, ágil y económica, representan una buena alternativa para los particulares que quieren empezar a invertir en el mercado de valores.

Para poder comprar acciones a través de un bróker, simplemente debes abrir una cuenta en el bróker, hacer una transferencia de dinero, y ya puedes comenzar a invertir.

La inversión en acciones puede hacerse de forma directa e individual, comprando y vendiendo los títulos valor que representan la propiedad de la empresa. Sin embargo, la inversión en acciones también puede hacerse de forma colectiva, junto a otros inversores, a través de instituciones de inversión colectiva (conocidas como "fondos de inversión"), cuya gestión es delegada a un tercero (sociedad gestora de fondos de inversión).

Existen miles de fondos de inversión de distintas gestoras, y de distinta naturaleza. Los hay que invierten solamente en acciones, en renta fija, o que combinan la inversión en acciones con la inversión en renta fija. Algunos replican el comportamiento de un índice cotizado (conocidos como "ETF's"), otros invierten solamente en empresas de un determinado sector (p.e sector energético), o de un determinado país.

La pregunta que debe hacerse cualquier inversor es la siguiente: ¿por qué debería invertir en acciones a través de un fondo de inversión, en lugar de hacerlo de forma directa comprando yo mismo las acciones? Para poder dar respuesta a esta pregunta, es necesario conocer las características básicas de cada tipo de inversión:

» **Diversificación:** un fondo de inversión invierte en una amplia variedad de acciones de diferentes empresas y sectores, lo cual significa que su cartera está diversificada. Esto reduce el riesgo de pérdida en caso de que algunas acciones no tengan un buen comportamiento, ya que es probable que otras acciones de la misma cartera sí tengan un buen desempeño.

» **Gestión profesional:** los fondos de inversión están gestionados por analistas financieros, que son personas que se dedican profesionalmente a analizar y evaluar las distintas compañías que cotizan en el mercado de valores. Al invertir en un fondo de inversión, te beneficias de la experiencia y de los conocimientos de estos profesionales. Aunque esto no garantiza, en absoluto, que vayas a tener un retorno superior al del mercado, o incluso que vayas a obtener un retorno positivo sobre la inversión.

» **Coste fiscal:** con carácter general, los fondos de inversión tributan a un tipo impositivo reducido, muy inferior al tipo impositivo que grava las ganancias y dividendos obtenidos por las personas físicas. Además, en muchos países, la inversión mantenida en un fondo de inversión puede ser traspasada o reinvertida hacia otro u otros fondos de inversión, sin ningún coste fiscal, lo cual permite reinvertir las ganancias acumuladas sin pasar por Hacienda. Esta opción no está permitida para las personas físicas, las cuales están obligadas a tributar por la plusvalía acumulada cada vez que venden una acción. Esto conlleva que el importe a reinvertir en otra u otras acciones no sea el importe bruto obtenido por la venta de la acción –como sí ocurre en caso de traspaso entre fondos de inversión-, sino el importe neto, tras descontar el pago de impuestos sobre las ganancias acumuladas.

» **Ahorro de tiempo:** invertir en acciones individuales requiere tiempo y esfuerzo para investigar, elegir y seguir la evolución de las empresas cuya propiedad está representada por las acciones que has adquirido. La inversión a través de un fondo de inversión te permite ahorrar tiempo y esfuerzo, ya que el trabajo de investigación, selección y seguimiento de la evolución de las empresas es realizado por los gestores del fondo.

No obstante, invertir en acciones a través de fondos de inversión también tiene desventajas como, por ejemplo, las siguientes:

» **Costes:** la sociedad que gestiona el fondo de inversión percibe una comisión de gestión sobre el patrimonio medio del fondo, con independencia de si el fondo ha tenido o no un buen desempeño en ese año. Adicionalmente, la sociedad gestora puede percibir otra comisión en caso de que el fondo se revalorice hasta un determinado umbral predeterminado (conocida como comisión de éxito). Estas comisiones son satisfechas por el fondo de inversión, por lo que ya están descontadas del valor liquidativo de las participaciones del fondo de inversión que se informa a los inversores. El importe de las mismas puede variar mucho, en función del fondo, por lo que es un aspecto importante a considerar antes de elegir un determinado fondo de inversión, ya que unas comisiones elevadas pueden mermar la rentabilidad obtenida. Para ver si las comisiones globales cargadas sobre un determinado fondo son altas o bajas, en relación a su patrimonio, hay que fijarse en el TER (Total Expense Ratio).

Más allá de los costes asociados a la gestión de un fondo de inversión, hay que tener en cuenta que la gestión de una cartera de valores conlleva costes operativos como, por ejemplo, los costes de transacción inherentes a las operaciones de compra o de venta. La inversión directa en acciones no se libra de estos costes operativos, pero al ser tú el gestor de la inversión, puedes decidir cuándo comprar o vender, por lo que en cierto modo, puedes controlar estos costes operativos, por ejemplo, realizando una estrategia de Buy&Hold (comprar y mantener la inversión a largo plazo, salvo deterioro del negocio).

En cualquier caso, cuando inviertes en acciones no debes satisfacer ningún coste de gestión sobre el patrimonio gestionado, por lo que, normalmente, los costes globales suelen ser menores.

» **Falta de control:** en un fondo de inversión no tienes ningún tipo de control sobre las acciones individuales que se compran o se venden, ni sobre cuál debe ser su peso dentro de la cartera. Tampoco puedes controlar el horizonte temporal de las inversiones. Todas estas decisiones son tomadas por el gestor del fondo, en ejercicio de las competencias que le han sido delegadas por los partícipes del fondo.

» **"Imperativo institucional":** la expresión 'imperativo institucional' fue acuñada por el mítico inversor Warren E. Buffett. La utilizó para referirse al hecho de que la mayoría de los analistas y gestores de capital se ven afectados por un imperativo invisible, que les empuja a invertir en empresas que son populares y están bien valoradas por el público en general, en lugar de fijarse en las empresas que pueden ofrecer un mayor retorno, aunque éstas sean desconocidas. Actuando de este modo reducen su riesgo personal, es decir, el riesgo a ser despedidos o degradados. Si el fondo que gestionan obtiene un mal resultado, a pesar de haber invertido en acciones como Microsoft o Apple, nadie se lo recriminará, ni perderán su trabajo. Sin embargo, la situación puede ser bien distinta si la cartera de su fondo está compuesta por acciones de empresas que son desconocidas por el público, aunque sean inversiones buenísimas a medio o largo plazo.

Los gestores de capital saben que sus clientes (los inversores) son, por lo general, impacientes y cortoplacistas. Valoran el desempeño del gestor de forma constante, y alcanzan conclusiones simplistas, en base a los resultados inmediatos del fondo. Si en un año determinado el fondo ha tenido pérdidas, y el mercado en general también ha sufrido una devaluación, los inversores considerarán que el mal desempeño del fondo está justificado. No obstante, si el mercado ha tenido un buen comportamiento, y el fondo no lo ha tenido, es probable que muchos inversores concluyan que el gestor no ha tomado buenas decisiones de inversión, e incluso retirarán el dinero del fondo, pese a que, a medio o largo plazo, el fondo pueda obtener una revalorización superior a la del mercado.

» **Limitaciones legales:** en todos los países la normativa reguladora de los fondos de inversión establece límites a la inversión. Por ejemplo, límites de concentración máxima en una determinada acción, límite de liquidez por inversión, límites respecto la liquidez máxima que puede acumular el fondo de inversión, etc.

Adicionalmente, están las limitaciones impuestas por la propia política de inversión del fondo de inversión (p.e. fondo que invierte solamente en compañías de pequeña capitalización, o en compañías del sector salud, etc.).

» **La "imagen":** en muchas ocasiones, los gestores de fondos de inversión se ven tentados a realizar operaciones de compraventa de valores para justificar sus honorarios, olvidando que no se les paga por el volumen de operaciones realizadas, sino por la rentabilidad obtenida. En la práctica, esto conlleva que muchos gestores realicen más operaciones de las que realmente harían si estuviesen gestionando su patrimonio personal, y esta hiperactividad va en detrimento de la rentabilidad obtenida por los partícipes. La historia de la bolsa nos ha demostrado que para obtener buenos retornos es aconsejable evitar la hiperactividad, es decir, la constante compraventa de valores, ya que esta actividad genera costes de transacción (comisiones de compraventa y cánones de bolsa) y, en su caso, conlleva tener que pagar impuestos por las plusvalías acumuladas.

Por otro lado, cuando se acerca el final del ejercicio, muchos gestores realizan operaciones cuya finalidad es la de hacer que el fondo mantenga un determinado valor liquidativo a fecha de cierre del ejercicio (normalmente 31 de diciembre de cada año natural), al ser plenamente conocedores de cómo funciona la industria de la inversión. Saben que la rentabilidad se mide en términos anuales, y más concretamente, desde 1 de enero hasta 31 de diciembre del mismo ejercicio, por lo que es importante salir bien en la "foto". Además, las retribuciones variables o "bonus" que perciben los analistas financieros, suelen estar ligados a la rentabilidad obtenida por el fondo de inversión durante el ejercicio económico, lo cual no deja de ser otro incentivo para llevar a cabo estas prácticas.

» **Efecto "colectivo":** los fondos de inversión, al ser instituciones de inversión colectiva, se ven afectados por las decisiones que toman sus partícipes. En momentos difíciles, cuando el precio de las acciones se derrumba y los mercados entran en pánico, la mayoría de los partícipes de los fondos de inversión suelen vender, total o parcialmente, sus participaciones en el fondo de inversión. Para poder efectuar estos reembolsos, el gestor del fondo de inversión se ve obligado a tener que vender determinadas acciones, en contra de su voluntad, lo cual supone interrumpir el proceso inversor y que el fondo tenga que pagar las comisiones e impuestos asociados a dicha venta. En consecuencia, las decisiones de inversión del gestor del fondo también se ven afectadas por los actos de los partícipes, a diferencia de lo que ocurre con la inversión personal y directa en acciones. Y a ti, como copartícipe del fondo, también te afectan estas ventas forzadas para poder satisfacer reembolsos de otros partícipes.

En resumen, la inversión en acciones puede realizarse de forma directa, o bien a través de fondos de inversión, debiendo valorar, cada inversor particular, qué opción se adapta más a su perfil como inversor. En este sentido, debe indicarse que ambas opciones no son excluyentes, de hecho, es muy habitual combinar tanto acciones como fondos de inversión.

Finalmente, añadir que en los últimos años ha ganado popularidad la inversión a través de fondos de inversión de gestión pasiva, en los cuales no existe una gestión activa y discrecional llevada a cabo por gestores o analistas, sino que el fondo de inversión se limita a replicar el comportamiento de un índice. Es otra alternativa a valorar por los inversores.

3. Ventajas y desventajas

Invertir en el mercado de valores tiene ventajas y desventajas, como todo en la vida pero, en mi modesta opinión, las ventajas son claramente superiores. Veámoslo:

Principales **aspectos positivos:**

» **Posibilidad de adquirir una participación en los mejores negocios del mundo.**

Si no existieran los mercados públicos de valores, la inmensa mayoría de los personas no podrían participar en los mejores negocios del mundo, o en proyectos empresariales ilusionantes. Las posibilidades que ofrecen los mercados de valores, son realmente emocionantes. Poder participar en proyectos empresariales de cualquier parte del mundo, asociarte con personas que no conoces pero que comparten una misma visión u objetivo, o que tienen un gran talento, genera un mundo de oportunidades. Asociarte con los mejores, y beneficiarte de su talento, incrementa exponencialmente la probabilidad de que tu patrimonio crezca (asumiendo siempre los riesgos inherentes a cualquier inversión o negocio, sea o no cotizado en la bolsa).

» **Opción para inversores con poco capital.**

Los pequeños inversores -conocidos como inversores *"retail"*- que disponen de un capital reducido para invertir, pueden adquirir una participación en un negocio con muy poco dinero. Hay acciones que se pueden comprar por 10, 30, 50 o 100 dólares, por lo que son accesibles para cualquier tipo de inversor. Pese a que las acciones son bienes muebles, algunas de ellas permiten participar en negocios inmobiliarios, por lo que también se puede invertir en el sector inmobiliario a través del mercado de valores.

» **Diversificación y gestión del riesgo.**

En los mercados de valores existen miles de acciones de compañías de todo el mundo, de distintos sectores e industrias, por lo que puede construirse fácilmente una cartera diversificada en países, sectores, industrias y tipología de activos financieros (acciones, fondos de inversión, ETF, etc.). En otros mercados como, por ejemplo, el inmobiliario, se requiere una inversión elevada y concentrada en un solo activo, por lo que existe mayor riesgo (en caso de error la pérdida es elevada).

» **Liquidez.**

El mercado de valores es, por lo general, un mercado extremadamente líquido. La gran mayoría de las acciones negociadas en las principales bolsas del mundo reciben, cada día, miles de órdenes de compra y de venta, por lo que es fácil y rápido deshacer una inversión. No obstante, debe señalarse que también existen acciones muy ilíquidas, con poco volumen de negociación, por lo que es aconsejable observar siempre el volumen de negociación medio de cada título, para poder controlar el riesgo de iliquidez. Aun así, el riesgo de iliquidez existente en el mercado de valores seguramente es muy inferior al de otros mercados.

» **Despreocupación empresarial.**

La bolsa permite ostentar la propiedad sobre una parte alícuota de empresas, y participar de sus resultados, sin asumir ningún quebradero de cabeza. Los directivos de las empresas se encargan de toda la gestión empresarial, lidiando con los problemas del día a día. Los accionistas solamente deben sentarse, monitorizar el rumbo de la empresa y esperar a recibir el retorno de su inversión.

» **Posibilidad de obtener altos retornos.**

La historia ha demostrado que una determinada acción puede llegar a multiplicar su precio por varias veces o, lo que es lo mismo, que un inversor puede obtener un retorno equivalente a 5, 10, 20 o incluso 100 veces el importe inicialmente invertido. El famoso inversor Peter Lynch bautizó a esta última clase de acciones como las "multibagger". Esta capacidad de multiplicación no está al alcance de todos los mercados. En el mercado inmobiliario, o en el de muebles de segunda mano, por ejemplo, no se puede obtener un retorno igual o superior a 100 veces el valor de compra del bien (a menos que hayas negociado con el peor comprador o vendedor del mundo).

» **Protección frente a la inflación.**

La inflación es un fenómeno económico caracterizado por la subida generalizada de los precios. Es un impuesto oculto, ya que poco a poco erosiona el valor económico de las unidades monetarias existentes sin hacer ruido, es decir, reduce la capacidad adquisitiva o poder de compra de las personas sin que las mismas se den cuenta, ya que no afecta al valor nominal del dinero. Las personas perciben el mismo salario u honorarios, pero la capacidad de compra de ese salario u honorarios se ve reducida, como consecuencia de la inflación.

¿Dónde pueden invertir las personas para protegerse de la inflación, y no ver reducida su capacidad de compra? Pues bien, si bien es cierto que existen distintas alternativas -como la inversión directa en bienes inmuebles, oro y demás metales preciosos- las acciones han demostrado ser uno de los mejores activos para protegerse de la inflación, en especial, las acciones de compañías que invierten o gestionan bienes reales (bienes raíces, productos de consumo básico o del sector energético), así como aquéllas que pueden incrementar el precio de sus productos y/o servicios sin perder clientes ("pricing power").

» **Posibilidad de adquirir parte de un negocio por un precio inferior al de mercado.**

No es ningún secreto que la inversión a través de los mercados de valores permite adquirir negocios por un precio inferior a su valor intrínseco, ya que el precio de cotización oscila en función de cual sea el sentimiento o las expectativas de los participantes del mercado. Esto no suele ocurrir con los negocios no cotizados en un mercado de valores, básicamente, por dos motivos:

1. En los negocios no cotizados no existe un gráfico que muestre la cotización histórica del precio, por lo que el precio de la compraventa se fija, exclusivamente, atendiendo a los números reales del negocio (los sentimientos no alteran el precio de la operación).

2. En los negocios no cotizados no suele adquirirse una participación indivisa o parcial, sino que suele comprarse el negocio entero. Esta voluntad de adquirir todo el negocio provoca un encarecimiento del precio, ya que el/los vendedor/es detectan que el comprador tiene un

alto interés por hacerse con el control, por lo que suelen exigir una prima sobre el precio.

» **Rapidez en la ejecución.**

Las compraventas de acciones cotizadas son rápidas y fáciles de hacer a través del bróker, ya sea de forma online, telefónica o mediante App, a diferencia de lo que ocurre con las compraventas de negocios no cotizados.

Principales **aspectos negativos:**

» **Falta de control del negocio.**

Como inversor no tienes una situación de control sobre la empresa -a menos que seas el mayor accionista de la compañía, lo cual no es habitual- y, por lo tanto, tus facultades para decidir e intervenir en el negocio son nulas.

» **Volatilidad.**

El precio de las acciones sube y baja cada día, y en algunos casos estas oscilaciones pueden ser más elevadas de lo habitual, y mantenerse durante un periodo de tiempo. Personalmente, pienso que la volatilidad no es una desventaja, sino al contrario, es una oportunidad para aquéllos que saben lo que quieren hacer. No obstante, para la mayoría de las personas, sobre todo para los inversores que empiezan a invertir, la volatilidad es concebida como un factor negativo, como un riesgo. Por este motivo lo incluyo en el apartado de desventajas, pese a que, para el inversor experimentado suele ser una gran ventaja. En otros mercados esta volatilidad no es visible, simple y llanamente, porque el precio de sus activos no está representado en gráficos. Pero que no sea visible, no significa que no exista. Sin ir más lejos, el precio de los alimentos o de los carburantes varía cada día.

» **Pérdida permanente de capital.**

El mayor riesgo al que se enfrenta un inversor en bolsa, es el de obtener una pérdida permanente de capital. No obstante, este riesgo es inherente a cualquier inversión, ya sea en el mercado de valores u en otros mercados, por lo que no es una desventaja exclusiva del mercado de valores.

En consecuencia, considero que las ventajas son claramente superiores a las desventajas, por lo que merece la pena invertir en acciones, siempre con cautela y conocimiento de los riesgos y beneficios que se asumen en cada inversión.

4. Las acciones

Las acciones son bienes muebles que se negocian en los mercados de valores. Son títulos-valor que representan un determinado porcentaje de participación real en una empresa o negocio. De la misma forma que una moneda o un billete representan la propiedad sobre una determinada cantidad de dinero, las acciones representan la propiedad sobre una parte alícuota de una empresa, es decir, una parte indivisa de todos los activos y pasivos de la empresa. Cuando adquieres acciones de una empresa no estás adquiriendo el almacén de esa empresa, o uno de sus vehículos, sino que estás adquiriendo una pequeña parte de todos sus bienes, de todas sus deudas y de sus resultados económicos presentes y futuros.

¿Significa esto que los proveedores y acreedores de la empresa pueden reclamarte los créditos que tienen frente la sociedad? En absoluto. Las acciones que adquieres, y que representan una propiedad real sobre el negocio, no forman parte del patrimonio de la empresa, sino de tu patrimonio personal, por lo que ningún proveedor o acreedor de la empresa podría llegar a exigirte ningún pago.

Es de vital importancia entender que una acción es una propiedad real sobre una empresa o negocio. No es un boleto de lotería, ni un cartón para jugar al bingo. Desde el momento en el cual adquirimos una acción, adquirimos también una serie de derechos por nuestra condición de propietarios. Derechos de contenido económico como, por ejemplo, el derecho a participar en las ganancias que obtenga la empresa, a veces distribuidas en forma de dividendo. Así como derechos de contenido político que permiten participar y votar en las juntas de accionistas (excepto en las denominadas "acciones sin derecho a voto", que solamente otorgan derechos de contenido económico).

Todas las personas que deciden ejercer una actividad económica a través de una empresa o sociedad, emiten acciones o participaciones al crear dicha sociedad. Es decir, crean títulos para documentar y representar el valor de sus aportaciones a la sociedad, ya sean dinerarias o no dinerarias, siendo éste el motivo por el cual las acciones son conocidas como títulos-valor.

Veamos cómo sería el proceso de creación de acciones, a partir de un ejemplo, para que se entienda mejor:

"Pablo y Pedro deciden crear una sociedad que se va a dedicar a la intermediación comercial, y consideran que es necesario realizar una aportación inicial de 100.000 dólares cada uno, para la puesta en funcionamiento del negocio. El capital social aportado por los dos socios coincide con la cantidad existente en el banco (200.000 dólares), puesto que la aportación se realiza en una cuenta bancaria abierta a nombre de la empresa. De estos 200.000 dólares, 100.000 dólares pertenecen a Pablo y los otros 100.000 dólares pertenecen a Pedro. Ahora bien, ¿Cuántas acciones posee cada uno? Bien, eso depende del valor que quieran asignar a cada una de las acciones emitidas. Si quisieran asignar el valor de 1 dólar por cada acción emitida, entonces el capital social estará formado por 200.000 acciones. Pero si en lugar de 1 dólar quisieran asignar el valor de 10 dólares a cada acción, entonces el capital social estaría formado por 20.000 acciones. Cuanto mayor sea el valor asignado a cada acción

(conocido como "valor nominal"), menor será el número de títulos emitidos. En cualquier caso, tanto la inversión realizada por los dos socios (conocida como "capital social"), como el porcentaje de participación de cada socio en el negocio (50%), permanecen invariables cualquiera que sea el valor nominal asignado a las acciones.. "

En consecuencia, las acciones son títulos que representan una propiedad real y fraccionada sobre los negocios subyacentes. Por ejemplo, cuando adquieres una acción de la compañía 'Alphabet' estás adquiriendo una parte de todos sus negocios (negocio publicitario a través de Google, Youtube, Google Cloud, etc.), por lo que no debes ver las acciones solamente como activos que pueden ser vendidos, tal y como ocurre con un mueble o una joya, sino que detrás de las mismas existen negocios reales cuyo desempeño afectará, sin duda alguna, al valor futuro de la acción.

5. ¿Inmuebles o acciones?

La mayoría de las personas que desean invertir sus ahorros, o una parte de los mismos, lo hacen invirtiendo en el sector inmobiliario, en lugar de invertir en acciones de empresas. Compran un piso, una casa, o un local, y lo arriendan a terceros a cambio de una renta mensual. Esto se debe, principalmente a cinco razones:

1. El bien inmueble es físico. Se puede ver y tocar. Esto transmite seguridad al propietario, a diferencia de lo que ocurre con las acciones.

2. Comprar un bien inmueble y arrendarlo a un tercero, a cambio de una renta mensual, es percibido por la mayoría de las personas como algo fácil de hacer. Existe la creencia generalizada –y errónea- de que no es preceptivo tener conocimientos específicos para invertir en el sector inmobiliario.

3. No existe ningún gráfico que recoja los sentimientos del público respecto el precio o valor de mercado diario de tu inversión inmobiliaria (si existiera, muchos propietarios de inmuebles los hubiesen vendido durante la crisis inmobiliaria del año 2009).

4. La mayoría de las personas no conocen otras categorías de activos en los cuales invertir.

5. Las personas que invierten en inmuebles creen -erróneamente- que es imposible perder dinero con esta inversión.

Mi intención no es criticar la inversión inmobiliaria, ni mucho menos, ya que puede ser una inversión rentable y muy aconsejable, si sabes lo que estás haciendo. Simplemente, me limito a exponer las razones por las cuales, en mi opinión, la mayoría de las personas acaban depositando sus ahorros en algún tipo de inmueble, para su posterior arrendamiento a terceros, en lugar de invertirlos en otros activos.

Pese a ser la inversión más recurrente o popular, debes saber que no es la más rentable. La rentabilidad neta –de gastos e impuestos- que uno puede obtener en una inversión inmobiliaria, difícilmente será superior a un 6% anual. Probablemente estará en torno al 4%-5%, anual, siempre y cuando el inmueble esté bien ubicado, y exista mucha demanda.

A diferencia de lo que ocurre con la inversión inmobiliaria, la inversión en acciones sí puede llegar a ofrecer rentabilidades anuales de dos dígitos durante un periodo de tiempo prolongado. Si proyectas estas altas rentabilidades anualizadas a 10, 20 o 30 años, verás que la rentabilidad acumulada que puedes llegar a obtener es exponencialmente superior a la que obtendrías invirtiendo en inmuebles. Este es el motivo por el cual no verás jamás a ningún arrendador de inmuebles en la lista de millonarios que elabora la revista Forbes.

En cambio, sí verás a Bill Gates, Jeff Bezos, Warren Buffett, Bernard Arnault, Amancio Ortega, y muchas otras miles de personas más, que han multiplicado varias veces su patrimonio personal gracias a la inversión en acciones (cito a fundadores de empresas icónicas que gozan de mucha popularidad, pero en realidad, existen miles de personas anónimas que han conseguido multiplicar su patrimonio personal a través de la inversión en negocios reales).

6. El mejor activo financiero

El economista y matemático Jeremy Siegel, que estuvo trabajando como profesor de finanzas en la Wharton School de la Universidad de Pennsylvania, realizó un laborioso estudio sobre los retornos obtenidos por los distintos tipos de activos financieros durante los últimos dos siglos (desde 1801 hasta 2014).Los resultados fueron realmente sorprendentes.

Pongamos un ejemplo, para que se entienda mejor. Imagina que tu tatarabuelo hubiese cogido cinco dólares americanos del año 1801, y los hubiese invertido de forma permanente en los siguientes activos: 1 dólar en acciones, 1 dólar en bonos (deuda pública o privada), 1 dólar en letras del tesoro (deuda pública con vencimiento a corto plazo), 1 dólar en oro y 1 dólar sin invertir (en efectivo). Basándonos en los resultados del estudio realizado por Jeremy Siegel, durante el periodo que va desde 1801 hasta 2014, se habrían obtenido los siguientes retornos:

1. El dólar invertido en acciones habría obtenido una rentabilidad media anualizada del 6,7%, descontando los efectos de la inflación. Dicho de otro modo, este dólar se habría revalorizado un millón de veces durante este periodo de tiempo (1801-2014). Es decir, en el año 2014 valdría 1.033.487 dólares.

2. El dólar invertido en bonos habría obtenido una rentabilidad media anualizada del 3,5%, descontando los efectos de la inflación. Se habría revalorizado hasta valer 1.642 dólares en el año 2014.

3. El dólar invertido en letras del tesoro habría obtenido una rentabilidad

media anualizada del 2,7% descontando los efectos de la inflación. En 2014 tendría un valor de 275 dólares.

4. El dólar invertido en oro habría obtenido una rentabilidad media anualizada del 0,5%, descontando los efectos de la inflación. Se habría apreciado hasta valer 3,12 dólares en el año 2014.

5. Finalmente, el dólar no invertido, mantenido en efectivo, habría obtenido una rentabilidad media anualizada del -1,4%, descontando los efectos de la inflación. Es decir, en el año 2014 tendría un valor de 0,051 dólares o, dicho de otra forma, durante estos 213 años se habría devaluado aproximadamente un 95%.

A partir de este estudio pueden alcanzarse distintas conclusiones.

La primera de ellas, es que las acciones son el mejor activo financiero, el que ha obtenido mayores rentabilidades históricamente, y el que mejor protege frente a la inflación. Esto se debe, fundamentalmente, a un fenómeno que explico con detalle en el siguiente capítulo.

La segunda conclusión es que la falta de inversión, consistente en mantener nuestro dinero en efectivo, tiene un coste elevadísimo. De hecho, este estudio desmonta una creencia popular muy extendida, en virtud de la cual "invertir en acciones es arriesgado, mientras que tener el dinero en efectivo es seguro". Ciertamente, invertir en determinadas acciones puede ser muy arriesgado, pero mantener el dinero en efectivo conduce hacia una pérdida de poder adquisitivo asegurada, provocada por la inflación (devaluación constante de la moneda).

La inversión en renta fija (bonos y letras del tesoro), ha obtenido mejores retornos que el efectivo, pero aun así, el retorno obtenido por las acciones durante el periodo de referencia fue casi 630 veces superior al obtenido por la renta fija. Esto se debe, básicamente, a que ocurre algo mágico con las acciones (no te pierdas el siguiente capítulo).

Finalmente, indicar que el oro, conocido popularmente como el "activo refugio", efectivamente conserva el valor económico de la moneda, incluso lo incrementa ligeramente (de 1 dólar a 3,12 dólares), descontando la inflación, pero su rentabilidad es muy modesta. Al igual que los bonos y las letras del tesoro, puede ser un buen activo para perfiles conservadores que quieran diversificar sus inversiones.

7. La octava maravilla del mundo

"El interés compuesto es la octava maravilla del mundo. El que lo entiende, gana con él. El que no lo entiende, lo termina pagando."

- Albert Einstein-

Albert Einstein, uno de los científicos más importantes y reputados del siglo XX, ganador del Premio Nobel de Física de 1921, bautizó al interés compuesto como la octava maravilla del mundo. Winston Churchill, quién fue primer ministro del Reino Unido y ganador del Premio Nobel de Literatura de 1953, dijo que el interés compuesto es la fuerza más poderosa del universo. Warren E. Buffett, considerado uno de los mejores inversores del siglo XX, dijo en una ocasión que el factor más importante de su éxito como inversor se debía al interés compuesto. Éstos, y muchos otros genios de nuestra historia reciente, han alabado la magia del interés compuesto, y no es para menos. No es una casualidad, sino la confirmación de que el interés compuesto es un concepto clave para la generación de riqueza. Su conocimiento otorga una verdadera ventaja respecto aquellos que lo desconocen.

¿Qué es el interés compuesto? Podríamos definirlo como el interés que se suma al capital inicial, y sobre el que se van generando nuevos intereses. Es lo contrario al interés simple, que no acumula los intereses generados. Veamos un ejemplo para entenderlo mejor:

Interés simple del 4%, sobre una inversión de 100.000$, a 5 años:

Año	Inversión	Interés	Rendimiento
1	$100.000	4%	$4.000
2	$100.000	4%	$4.000
3	$100.000	4%	$4.000
4	$100.000	4%	$4.000
5	$100.000	4%	$4.000
		Rendimiento acumulado:	**$20.000**

Interés compuesto del 4%, sobre una inversión de 100.000$, a 5 años:

Año	Inversión	Interés	Rendimiento
1	$100.000	4%	$4.000
2	$104.000	4%	$4.160
3	$108.160	4%	$4.326
4	$112.486	4%	$4.499
5	$116.986	4%	$4.679
		Rendimiento acumulado:	**$21.665**

Partiendo de los números utilizados en este ejemplo -inversión única de 100.000 dólares a 5 años- podemos ver como un interés simple del 4% generaría un rendimiento acumulado de 20.000 dólares, mientras que un interés compuesto del 4% generaría un rendimiento acumulado de 21.665 dólares.

La magia del interés compuesto radica en el hecho de que, la base sobre la cual se aplica la futura tasa de interés, cada vez es mayor, al acumular el capital inicial junto con todos los intereses devengados en años anteriores. Esto conlleva que el resultado de la multiplicación sea cada vez mayor y, por tanto, que la diferencia de rendimientos, entre interés simple e interés compuesto, se vaya ampliando a medida que transcurren los años, tal y como puede apreciarse en el ejemplo anterior.

A continuación te muestro un segundo ejemplo, considerando una tasa de retorno del 10% a 10 años:

Interés simple del 10%, sobre una inversión de 100.000$, a 10 años:

Año	Inversión	Interés	Rendimiento
1	$100.000	10%	$10.000
2	$100.000	10%	$10.000
3	$100.000	10%	$10.000
4	$100.000	10%	$10.000
5	$100.000	10%	$10.000
6	$100.000	10%	$10.000
7	$100.000	10%	$10.000
8	$100.000	10%	$10.000
9	$100.000	10%	$10.000
10	$100.000	10%	$10.000
		Rendimiento acumulado:	**$100.000**

Interés compuesto del 10%, sobre una inversión de 100.000$, a 10 años:

Año	Inversión	Interés	Rendimiento
1	$100.000	10%	$10.000
2	$110.000	10%	$11.000
3	$121.000	10%	$12.100
4	$133.100	10%	$13.310
5	$146.410	10%	$14.641
6	$161.051	10%	$16.105
7	$177.156	10%	$17.716
8	$194.872	10%	$19.487
9	$214.359	10%	$21.436
10	$235.795	10 %	$23.579
		Rendimiento acumulado:	**$159.374**

En este segundo ejemplo, la inversión basada en el interés compuesto ha generado un retorno de 159.374 dólares, frente a los 100.000 dólares generados por la inversión a interés simple. Es decir, la inversión basada en el interés compuesto ha obtenido un rendimiento que supera en un 59% el obtenido por la inversión basada en el interés simple.

A medida que aumenta el periodo de generación (número de años) y la tasa de retorno, mayor es la diferencia que se obtiene entre el resultado del interés compuesto y el del interés simple.

Puedes pensar, ok, está muy bien, pero una tasa de retorno del 10% durante un periodo de diez años es una locura. Bien, no solo hay numerosos inversores que han conseguido obtener rentabilidades anuales iguales o superiores al 10%, sino que el S&P 500, el índice bursátil más conocido del mundo, que agrupa las 500 compañías de mayor capitalización de Estados Unidos de América, obtuvo, durante el siglo XX, un tasa de retorno cercana al 10%.

Para poder entender qué papel juega el interés compuesto en el mundo de la inversión, y porqué fue bautizado por Albert Einstein como la octava maravilla del mundo, primero hay que entender, aunque sea en términos generales, la naturaleza de los distintos tipos de inversión:

- **Inversión en renta fija:** Invertir en renta fija significa, en términos coloquiales, adquirir deuda emitida por un tercero, ya sea por un Estado (letras del tesoro, bonos u obligaciones del Estado) o por una empresa privada (deuda corporativa). El bonista adquiere títulos de deuda a cambio de entregar al emisor de la deuda un determinado capital, que debe ser restituido al bonista al cabo de un tiempo preestablecido, y se pacta una remuneración anual fija basada en un determinado tipo de interés sobre el capital entregado, que se denomina "cupón".

  El emisor de la deuda promete al prestamista/bonista la devolución del capital inicial entregado, así como la remuneración fija anual que han pactado. Esta remuneración fija anual es el resultado de aplicar un determinado tipo de interés sobre el capital inicial entregado, sin considerar la remuneración que se haya podido percibir en periodos anteriores. Por lo tanto, la remuneración, o retorno de la inversión, está basada en el interés simple.

- **Depósito bancario (imposición a plazo):** La remuneración devengada en estas operaciones también es el resultado de pactar un determinado tipo de interés sobre el capital inicial entregado, sin considerar remuneraciones devengadas en periodos anteriores, por lo que la remuneración también está basada en el sistema del interés simple.

- **Inversión en renta variable (acciones):** A diferencia de lo que ocurre con la renta fija y los depósitos y/o imposiciones a plazo, la inversión en renta variable supone adquirir una parte alícuota de un negocio real y, por lo tanto, no existe ninguna promesa de devolución o restitución del capital inicial entregado (principal) por parte del emisor/vendedor de las acciones. Por lo tanto, en este caso, el rendimiento de la inversión no está pactado con la contraparte de la operación, sino que vendrá determinado por la evolución del negocio subyacente, respecto del cual se ha adquirido una participación.

  Supongamos que el negocio va bien, es rentable y crece año a año. En este caso, los socios de la empresa pueden optar por reinvertir las ganancias obtenidas en el propio negocio, o bien utilizarlas para retribuir a los accionistas. En caso de optar por la primera opción, es muy probable que los beneficios futuros de la empresa crezcan, a menos que la reinversión en el negocio sea un auténtico fiasco. Con las ganancias obtenidas en el primer año se pueden adquirir activos que generen más ganancias, por lo que es probable que en el segundo año las ganancias obtenidas sean superiores a las del primer año. Supongamos que en el segundo año la empresa decide, nuevamente, reinvertir las ganancias obtenidas. Esto significa que en el tercer año se podrán adquirir nuevos activos que, previsiblemente, también generarán ganancias, por lo que las ganancias obtenidas en el tercer año serán superiores a las del primer y segundo año. Si proyectamos este proceso de reinversión a 10 años, veremos como el beneficio por acción del décimo año es exponencialmente superior al del primer año, y esto se debe a que las ganancias obtenidas durante este periodo se han ido cosechando sobre una base de activos cada vez mayor.

Imaginemos que una empresa es capaz de obtener unas ganancias anuales del 10% sobre el valor inicial de sus activos, que es de 10.000 dólares, durante un periodo de 10 años. Y en cada uno de estos años, decide reinvertir en el negocio todo el rendimiento anual obtenido. Veamos la simulación de este ejercicio en el siguiente cuadro:

Año	Valor activos	% Ganancia	Rendimiento
1	$10.000	10%	$1.000
2	$11.000	10%	$1.100
3	$12.100	10%	$1.210
4	$13.310	10%	$1.331
5	$14.641	10%	$1.464
6	$16.105	10%	$1.611
7	$17.716	10%	$1.772
8	$19.487	10%	$1.949
9	$21.436	10%	$2.144
10	$23.579	10%	$2.358
		Rendimiento acumulado:	**$15.937**

Observamos que el rendimiento anual obtenido en el décimo año (2.358 dólares) es sustancialmente superior al obtenido en el primer año (1.000

dólares), y ello se debe a la magia del interés compuesto, ya que la tasa de retorno es la misma (10%). Si en lugar de una acción se tratase de un bono estatal, el rendimiento anual obtenido en el décimo año hubiese sido idéntico al del primer año (1.000 dólares). Y el retorno acumulado no hubiese sido de 15.937 dólares, sino de 10.000 dólares.

En consecuencia, la magia del interés compuesto, que permite multiplicar exponencialmente el retorno de una inversión, solamente puede producirse en la renta variable (acciones). Esto será así, siempre y cuando se invierta en acciones de empresas rentables que reinviertan, total o parcialmente, sus ganancias en el negocio, con un grado de eficiencia sobre el capital invertido igual o superior al actual. En términos generales, a mayor tasa de reinversión de las ganancias obtenidas, mayor será el resultado producido por el interés compuesto.

Gracias a la magia de esta “octava maravilla del mundo”, la renta variable, en su conjunto, ha sido el activo que ha generado mayores retornos sobre el capital invertido en los últimos 200 años, muy por encima de otros activos financieros como la renta fija, el oro o el efectivo, tal y como te he explicado en el anterior capítulo.

8. Empieza a invertir lo antes posible

¿Por qué es importante empezar a invertir cuanto antes?

Supongamos que nos encontramos con dos inversores, Mark y Julia. El primero, Mark, empezó a invertir con tan sólo 20 años, gracias a un pequeño capital que recibió de su abuelo (10.000 dólares). Invirtió los 10.000 dólares en un índice de EEUU, y desde entonces ha ido realizando aportaciones anuales de 1.200 dólares a este mismo índice. A los 65 años de edad, su inversión ha alcanzado un retorno anualizado del 10%.

Por otra parte, Julia, empezó a invertir con 35 años, y lo hizo con un capital inicial de 20.000 dólares que había ahorrado durante su etapa como abogada. Invirtió los 20.000 dólares en un índice de EEUU (el mismo índice adquirido por Mark). Desde entonces, ha estado realizando aportaciones anuales de 2.400 dólares al mencionado índice. A los 65 años, su inversión ha obtenido un retorno anualizado del 10%.

¿Quién crees que ha obtenido un mayor retorno sobre su inversión? ¿Cuál de los dos posee un mayor patrimonio a los 65 años? Pues bien, quizá te sorprendas al ver los resultados que te muestro a continuación:

	Capital inicial	Aportaciones anuales	Retorno anual	Edad inicio	Edad final	Capital final
Mark	10.000	1.200	10%	20	65	1.677.859
Julia	20.000	2.400	10%	35	65	783.252

A pesar de que Julia empezó a invertir con un capital inicial superior al de Mark (20.000 dólares, frente a 10.000), y ha duplicado las aportaciones anuales al índice (2.400 frente a 1.200), ha acabado obteniendo un retorno total inferior a la mitad del retorno total obtenido por Mark (783.252 dólares, frente a 1.677.859 dólares).

De hecho, Julia ha invertido, en total, 92.000 dólares, mientras que la cantidad total invertida por Mark ha sido de 64.000 dólares. En consecuencia, pese a que Julia ha invertido 28.000 dólares más que Mark, éste último ha obtenido, a los 65 años, 894.607 dólares más de los que ha obtenido Julia. ¡Una auténtica locura!

¿Dónde está el truco? En el número de años en los cuales el capital inicial, junto con las aportaciones anuales adicionales, se va componiendo a una tasa anualizada del 10%. A medida que aumenta el periodo de inversión, aumenta el efecto generado por el interés compuesto.

En consecuencia, si quieres invertir ¡empieza lo antes posible!

9. ¿Compras puntuales o periódicas?

Como inversor, es importante que tengas un método o una filosofía que te permita saber cuándo debes invertir.

Con carácter general, se ha demostrado que los inversores que realizan adquisiciones de forma periódica (mensuales o trimestrales), obtienen una mayor rentabilidad a largo plazo, respecto aquéllos otros que realizan adquisiciones puntuales o aleatorias. Es lógico que sea así, por la propia dinámica del mercado. Es decir, el mercado de valores es volátil, lo cual significa que los activos financieros suben y bajan de precio porque la oferta y la demanda varia cada día y, además, se ven afectados por los ciclos económicos. Hay momentos de euforia en los cuales los activos financieros están sobrevalorados, y otros momentos de pesimismo generalizado, en los cuales están infravalorados. En consecuencia, las inversiones realizadas de forma periódica se ajustan a la curva del precio de mercado, lo cual permite tener un buen precio medio de compra. Esto se debe a que las compras realizadas en momentos de euforia ("compras caras") quedan compensadas con las compras realizadas en momentos de pesimismo ("compras baratas"). Sin embargo, las inversiones puntuales están sujetas a la situación existente en el momento de realizarse la compra. Es decir, si dispones de 10.000 dólares y los inviertes de forma puntual durante una fase alcista del mercado, es posible que estés adquiriendo un activo sobrevalorado y, por ende, que el retorno sobre la inversión sea más bien modesto (o incluso negativo).

Imagina que tu presupuesto anual de inversión es de 3.600 dólares. Puedes realizar aportaciones periódicas a un fondo de inversión, a razón de 300 dólares/mes, o bien puedes realizar una única aportación anual con los 3.600 dólares. Estás en el año 2020, decides realizar una aportación única de 3.600 dólares en el mes de febrero, y justo un mes después se declara el estado de alarma en todo el mundo a causa del virus COVID-19, que provoca una de las pandemias sanitarias más letales del último siglo. A nivel bursátil, los mercados de valores se desploman, con caídas de hasta un 30, un 40, o incluso un 50 por ciento en determinados valores. Tu inversión puntual del mes de febrero se habría desplomado y, muy probablemente, no se habría recuperado al terminar el año 2020 .En cambio, si hubieses optado por realizar aportaciones mensuales periódicas, las compras realizadas en los meses de enero y febrero de 2020 habrían quedado compensadas con las compras realizadas desde marzo hasta diciembre del mismo año. En consecuencia, habrías obtenido una mayor rentabilidad invirtiendo de forma periódica.

Es cierto que el escenario sería totalmente distinto si hubieses realizado la inversión puntual en el mes de marzo de 2020, tras la brutal caída de los mercados, ya que entonces la rentabilidad obtenida superaría la de la inversión periódica. Ya se sabe que siempre existen excepciones a la regla general.

No obstante, lo importante es entender que, en la gran mayoría de los casos, la inversión periódica generará mayores rentabilidades a largo plazo, respecto las inversiones realizadas de forma puntual.

Además, la inversión periódica es un sistema de inversión metódico que ahorra tiempo al inversor, al no tener que estar evaluando constantemente el momento idóneo para invertir.

Finalmente, quiero transmitirte un conocimiento que te ahorrará decenas, o incluso centenares, de horas probando una práctica que ya ha sido testada durante los últimos doscientos años, y que ha resultado ser del todo infructuosa. Me estoy refiriendo al intento de predecir la evolución del precio de una acción, o la evolución del mercado de valores, para poder identificar el momento idóneo en el cual hay que invertir. Esta práctica, conocida como "market timing", sigue utilizándose por parte de inversores que creen tener la capacidad de predecir el futuro. Están totalmente equivocados, nadie tiene esa capacidad, por mucho que algunos crean que sí la tienen. En este sentido, hay dos tipos de inversores: los que saben que no tienen esa capacidad, y los que aún no saben que no la tienen.

Los mejores gestores de capitales del mundo (que obtienen, o han obtenido, rentabilidades anuales de doble dígito durante décadas), como, por ejemplo, Warren Buffett, Charlie Munger, Peter Lynch o Terry Smith, por nombrar algunos, han afirmado en numerosas ocasiones que hacer "market timing" no tiene ninguna utilidad.

Asimismo, la historia nos ha demostrado que la evolución del precio de las acciones no se produce de forma lineal. También nos ha demostrado, en relación con lo anterior, que si haces "market timing" y te pierdes los mejores días (aquellos en los cuales las acciones obtienen una mayor revalorización), tu rentabilidad anual será muy inferior a la de otro inversor que haya permanecido invertido durante todo el año.

En consecuencia, si decides hacer "market timing" y tienes éxito realizando una operación de compraventa, sé consciente de la suerte que has tenido (muchos inversores atribuyen este éxito a su capacidad para predecir el futuro, siendo éste el germen de su posterior fracaso como inversores).

10. Invierte en negocios que entiendas

Uno de los mejores consejos del legendario inversor Warren Buffett para tener éxito en las inversiones, es el de invertir solamente en compañías que están dentro de tu propio círculo de competencias; es decir, invertir en negocios y sectores cuyo funcionamiento entiendes a la perfección. No importa lo grande que sea tu círculo, lo que importa es que esté bien definido y, sobretodo, que inviertas dentro del mismo. Personalmente, no puedo estar más de acuerdo con este principio.

¿Por qué es tan importante entender cómo funciona el negocio y el sector en el cual opera? Pues bien, ello nos permite tener una mayor comprensión de sus estados financieros y contables, y nos permite valorar con mayor fiabilidad y confianza elementos como, por ejemplo, la recurrencia de los flujos de caja, la capacidad de crecimiento del negocio, las ventajas que pueda tener el negocio frente a la competencia, y si los bienes y/o servicios que se ofertan van a tener una demanda sólida en un futuro, entre otras cuestiones.

En primer lugar, uno tiene que definir su propio círculo de competencias. Eso es, delimitar qué negocios entiende y qué negocios no entiende, sin confundir el término "entender" por "conocer", pese a que en ocasiones puedes entender y conocer un negocio. Por ejemplo, quizá conoces empresas como Nintendo o Sony porque eres un amante de los videojuegos, pero eso no significa que entiendas cómo funciona su modelo de negocio. Sin embargo, es posible que entiendas cómo funciona el modelo de negocio de un banco regional de Oklahoma, pese a no haber visitado sus oficinas en ninguna ocasión. Por lo tanto, pueden darse distintos supuestos:

Supuesto 1: Entiendes el funcionamiento del negocio, y conoces los bienes y/o servicios que ofrece.

Este supuesto representa la situación idónea para realizar una inversión exitosa, ya que entiendes cómo funciona el negocio y, además, has sido usuario o consumidor de los bienes y/o servicios que ofrece, por lo que puedes valorar con fiabilidad la relación calidad/precio de dichos productos y/o servicios. El conocimiento del negocio y del producto, te permite realizar un mejor pronóstico sobre la evolución futura del negocio. A modo de ejemplo, esta situación puede darse en negocios como Coca-Cola o McDonald's, cuyo funcionamiento es fácil de entender y sus productos son conocidos en todo el mundo.

Supuesto 2: Entiendes el funcionamiento del negocio, pero no conoces los bienes y/o servicios que ofrece.

Si llevas toda tu carrera trabajando en el sector de la hostelería y la restauración, muy probablemente entiendes cómo funciona un hotel y/o un restaurante, sabes cuales son los márgenes habituales del sector, el nivel de endeudamiento o la recurrencia de los ingresos, entre otras cuestiones. Por tanto, puedes valorar objetivamente los datos fundamentales de un negocio de hostelería que te es desconocido, probablemente con mayor fiabilidad que alguien que jamás haya trabajado en este sector. En otras ocasiones, tu entendimiento del negocio se deberá a que tu familia posee un negocio similar en este mismo sector, o bien al hecho de haber cursado estudios en esta materia, o destinado innumerables horas a leer libros, biografías y entrevistas de personas que cuentan con una dilatada experiencia en el sector. Sea cual sea el motivo por el cual entiendes el modelo de negocio, lo realmente importante es verificar contigo mismo, de forma humilde y honesta, que este entendimiento es cierto, que no se trata de un deseo de "querer entender", ya que de lo contrario te estarás haciendo trampas al solitario, y ya sabes quién será el único perjudicado.

Esta situación no es tan idónea como la anterior, ya que el conocimiento del producto y/o servicio del negocio es un factor importante, pero permite invertir en negocios que se encuentran dentro de tu círculo de competencias.

Supuesto 3: No entiendes el funcionamiento del negocio, pero conoces los bienes y/o servicios que ofrece.

Estoy seguro de que en alguna ocasión has consumido bienes o servicios de empresas cuyo modelo de negocio está fuera de tu ámbito de conocimiento. En mi caso, aparte de las empresas de videojuegos, ya nombradas anteriormente, podría incluir en este grupo, como mínimo, a empresas del sector farmacéutico y biotecnológico (Pfizer, Astrazeneca, Bayer, Vertex, Amgen, etc.), a empresas del sector tecnológico (Intel, Dell, Cisco, Adobe, Oracle, etc.) y a empresas del sector de los semiconductores (ASML, TSMC, etc.), por citar algunos ejemplos.

Algunas de estas compañías son de gran calidad, y su cotización ha dado grandes alegrías a sus accionistas. Sin embargo, el desconocimiento de las características específicas del negocio y del sector en el cual operan me impide invertir en las mismas, pese a conocer sus productos. No basta con saber que la compañía X fabrica chips para tarjetas de Memoria, o que la compañía Y tiene la patente de uno de los mejores medicamentos contra el cáncer de próstata; el conocimiento del negocio y de su sector debe ser mucho más profundo, para poder tener cierto control de la inversión. Personalmente, llegué a la conclusión de que determinados sectores están fuera de mi círculo de competencias, y esto me ha sido de gran ayuda, ya que se ha reducido de forma notable el universo de acciones en las cuales puedo invertir, así como el tiempo que destino a la selección de empresas.

Supuesto 4: No entiendes el funcionamiento del negocio, ni conoces los bienes y/o servicios que ofrece.

¿Quién invierte en acciones representativas de un negocio ajeno a sus competencias, que ofrece bienes y/o servicios desconocidos? Pues bien, es una práctica muy habitual, realizada incluso por gestores profesionales.

Hay miles y miles de inversores que compran y venden acciones de compañías pertenecientes a sectores altamente cualificados como la biotecnología, la robótica, la inteligencia artificial, los semiconductores, los servicios IT (tecnologías de la información), el suministro de equipos médicos de alta especialización, la energía nuclear, las energías renovables, etc. Todos estos inversores no solamente desconocen los bienes y/o servicios que ofrecen estas compañías, sino que tampoco entienden los procesos y mecanismos que intervienen en el funcionamiento del negocio, ni las características del mercado en el cual operan. ¿Por qué lo hacen? Pues bien, pese a que habrá de todo, es muy habitual hacerlo tras haber escuchado en algún sitio que la acción de la compañía "X" se revalorizará en los próximos días o semanas. Es un comportamiento típicamente especulativo, y en la mayoría de los casos, el escenario perfecto para perder dinero a raudales.

En segundo lugar, una vez definido tu círculo de competencias, debes hacer algo aún más importante: invertir siempre dentro de este círculo. Créeme, mi experiencia me ha demostrado que cumplir con este mandato es mucho más complejo de lo que puedas estar pensando ahora mismo.

Muchos gestores profesionales incumplen esta máxima, pese a autodefinirse como amantes del "value investing" y de Warren Buffett. Realmente, su forma de actuar no es coherente con su forma de pensar, o como mínimo, con sus declaraciones. Esto puede deberse a los efectos generados por el "imperativo institucional". Es decir, en palabras simples, comprar lo que toca, y no lo que quieres, para obtener los mismos resultados del mercado y así asegurar tu puesto de trabajo como gestor de capitales. No es lo mismo que tu fondo pierda un 20 por ciento de valor en consonancia con la pérdida obtenida por el mercado, a que tu fondo pierda un 20 por ciento de valor porque has invertido en compañías que entiendes, pero que son desconocidas por el público en general. En este último caso, corres el riesgo de ser reemplazado por otro gestor que se "ajuste" más al mercado

El incumplimiento de la máxima "invierte siempre dentro de tu círculo de competencias" también puede deberse a una definición imprecisa y errónea de tu círculo de competencias. Es decir, puede darse el caso de que estés plenamente convencido de que estás invirtiendo en negocios que entiendes y conoces, cuando en realidad, no tienes un conocimiento suficiente sobre el negocio ni su sector. Tus ganas de querer saber más de lo que realmente sabes (ilusión), o la falsa creencia de que realmente conoces el negocio o su sector (ego), son factores que pueden inducirte a cometer este incumplimiento.

El también legendario inversor, Peter Lynch, siempre ha defendido que los inversores particulares pueden tener éxito en el mundo de la inversión, incluso más que los inversores profesionales, siempre y cuando se limiten a invertir en productos o servicios que conozcan y entiendan. A pesar de que Lynch, al realizar esta afirmación, está pensando más en la parte de conocimiento del producto o servicio, como consumidor o usuario del mismo, en sus ejemplos de inversión siempre ha mencionado negocios simples de entender como, por ejemplo, restaurantes o productos de belleza, lo cual denota que, más allá del producto o servicio en cuestión, el inversor particular también debe entender el funcionamiento del negocio.

En consecuencia, invertir en negocios que entiendes, y que ofrecen bienes o servicios que tú mismo conoces, es uno de los mejores consejos de inversión que jamás se hayan dado. La comunidad inversora infravalora este consejo, y lo omite en su práctica diaria, seguramente debido a que, *"prima facie"*, aparenta ser un mandato de fácil cumplimiento, y de poca importancia, cuando, en realidad, es justo lo contrario.

11. El lenguaje de los negocios

La contabilidad es el lenguaje de los negocios. La información contable nos muestra una imagen fidedigna de la salud del negocio, y nos revela información sobre el tipo de gestión que están llevando a cabo los órganos de dirección. ¿Significa esto que para poder tener éxito invirtiendo debo ser un especialista en contabilidad y finanzas? En absoluto, y lo demuestra el hecho de que algunos de los mejores inversores de la historia son licenciados en Derecho, Ingeniería, Matemáticas, Historia, etc. Sin embargo, sí es importante que adquieras determinados conocimientos básicos de contabilidad y finanzas, para que puedas analizar las métricas esenciales del negocio. Recuerda que invertir no significa comprar trozos de papel o boletos de lotería, sino comprar un negocio real, que tiene trabajadores y que obtiene flujos de dinero por la venta de bienes y/o servicios.

Existen decenas, o incluso centenares, de libros sobre contabilidad y finanzas, por lo que es imposible que pueda comprimir en este capítulo todos los conocimientos de contabilidad y finanzas que me gustaría transmitirte. En consecuencia, he realizado una selección de conceptos básicos que, en mi opinión, debería conocer cualquier persona que desee invertir con éxito en negocios reales. Y creo que la mejor forma de transmitirte estos conocimientos es mediante un ejemplo.

"La heladería"

Imagina que decides montar una tienda de helados. Dispones de 30.000 dólares que tienes ahorrados, pero has estimado que para montar el negocio necesitas 100.000 dólares, por lo que decides pedir un préstamo de 70.000 dólares al banco.

Una vez abierto el negocio, empiezas a vender helados a un precio de 4 dólares el helado. Estos 4 dólares son un ingreso contable.

No obstante, para poder hacer el helado has tenido que comprar una serie de ingredientes que, de media, suponen un coste de 1,8 dólares por helado. Por lo tanto, por cada helado vendido obtienes un beneficio bruto de 2,2 dólares (4 - 1,8), lo cual representa un 55% del ingreso obtenido (2,2/4). Este porcentaje es conocido como el "margen de beneficio bruto", y es una métrica financiera muy importante a la hora de invertir, ya que nos indica si la empresa tiene, o puede tener, una ventaja competitiva respecto los demás negocios de su sector. También puede estar en línea con los márgenes del sector, o incluso por debajo de la media del sector.

Para poder vender los helados, no solamente necesitas la materia prima que utilizas para elaborar los mismos, sino que también necesitas disponer de un local, respecto del cual pagas un alquiler. Asimismo, necesitas comprar o alquilar maquinaria para poder elaborar y conservar los helados, pagar suministros de luz y de agua, pagar a los trabajadores, pagar a un gestor para que gestione los impuestos, cotizaciones y demás obligaciones legales, etc. Todos estos gastos generales de administración se restan del beneficio bruto, obteniendo de esta forma el beneficio operativo, o beneficio que genera la explotación del negocio. Supongamos que este beneficio operativo representa un 37% de los ingresos brutos, (es decir, 1,48 dólares por cada helado vendido). Este porcentaje, conocido como "margen de beneficio operativo", mide la rentabilidad del negocio o de la explotación.

Posteriormente, para poder obtener el beneficio definitivo del ejercicio (conocido como “beneficio neto”), deberás sumar o restar al beneficio operativo los ingresos y gastos financieros (que en este ejemplo sería el gasto por intereses relativo al préstamo bancario de 70.000 dólares), así como deducir el gasto por Impuesto sobre Sociedades (que es la parte de beneficio que se queda tu socio no deseado, es decir, Hacienda). Supongamos que el beneficio neto representa el 25% de los ingresos brutos (1 dólar por cada helado vendido).

A continuación, te muestro cuál sería la cuenta de resultados de tu negocio, en un ejercicio corriente:

Ingresos brutos	**83.333**
Coste materia prima	(37.500)
Beneficio bruto	**45.833**
Margen beneficio bruto	55%
Gastos generales	(15.000)
Beneficio operativo	**30.833**
Margen beneficio operativo	37%
Gastos financieros	(1.000)
Impuesto Sociedades	(8.950)
Beneficio neto	**20.883**
Margen beneficio neto	25%

El beneficio neto obtenido en el ejercicio (20.883 dólares), representa casi el 70% del capital que has invertido a título personal (20.883/30.000). Este porcentaje representa la tasa de retorno sobre los recursos propios (también conocida como "ROE" o "Return on Equity").

A su vez, estos 20.883 dólares representan el 20,88% del capital total invertido en el negocio (20.883/100.000), es decir, considerando los 30.000 dólares que has aportado a título personal y los 70.000 dólares que has solicitado al banco. Este porcentaje del 20,88% representa la tasa de retorno sobre todo el capital invertido (también conocida como "ROIC" o "Return on Invested Capital"). Ambas métricas, (ROE y ROIC), miden la eficiencia del negocio.

Tras finalizar el ejercicio, debes decidir, en tu condición de socio único, qué vas a hacer con los 20.883 dólares de beneficio neto. Tienes las siguientes opciones (que se pueden combinar):

1. Repartirte un dividendo (es decir, llevarte los 20.883 dólares, al ser el socio único).
2. Reducir la deuda bancaria.
3. Reinvertirlo en el negocio.

Finalmente, decides distribuirte un dividendo de 10.000 dólares, y reinvertir en el negocio los 10.883 dólares restantes.

Tu vecino, que ha visto que la heladería te va bastante bien, también se ha animado a montar una heladería. Al igual que tú, ha invertido 100.000 dólares en el negocio, que ha pedido prestados a sus padres (a un tipo de interés del 0%).

La cuenta de resultados de su negocio, para un ejercicio corriente, sería la siguiente:

Ingresos brutos	**102.500**
Coste materia prima	(61.500)
Beneficio bruto	**41.000**
Margen beneficio bruto	40%
Gastos generales	(30.750)
Beneficio operativo	**10.250**
Margen beneficio operativo	10%
Gastos financieros	0
Impuesto Sociedades	(3.075)
Beneficio neto	**7.175**
Margen beneficio neto	7,00%

En su caso, el beneficio neto representa solo el 7% del capital total invertido en el negocio (7.175/100.000), siendo ésta la tasa de retorno sobre el capital invertido (ROIC).

Tras finalizar el ejercicio, tu vecino decide reinvertir en el negocio todo el beneficio neto, para así intentar mejorar los resultados que obtenga en un futuro.

Análisis:

1. La heladería de tu vecino ha obtenido unos ingresos brutos superiores a los de tu heladería. Esto se debe a que ha vendido más helados. Es decir, ha generado un mayor volumen de ventas.

2. No obstante, en la medida en que tu vecino vende sus helados por un precio inferior al tuyo, ha obtenido, por cada helado vendido, un margen de beneficio bruto inferior al que has obtenido en tu heladería (40% vs

55%). Por tanto, pese a haber obtenido mayores ingresos brutos, el beneficio bruto de su heladería es inferior al de la tuya.

3. El coste de la materia prima, necesaria para elaborar un helado, es igual para ambos negocios (la compráis a los mismos proveedores). En consecuencia, la diferencia existente en el margen de beneficio bruto se debe, en esencia, a la diferencia de precio del helado.

   Esta minoración del margen de beneficio bruto provoca que los demás márgenes (operativo y de beneficio neto), también se vean afectados. Es decir, produce un efecto cascada, tal y como puede observarse en el siguiente ejemplo teórico:

EMPRESA A		**EMPRESA B**	
Ingresos brutos	**83.333**	**Ingresos brutos**	**83.333**
Coste materia prima	(37.500)	Coste materia prima	(45.000)
Beneficio bruto	**45.833**	**Beneficio bruto**	**38.333**
Margen beneficio bruto	55%	Margen beneficio bruto	46%
Gastos generales	(20.000)	Gastos generales	(20.000)
Beneficio operativo	**25.833**	**Beneficio operativo**	**18.333**
Margen beneficio operativo	31%	Margen beneficio operativo	22%
Gastos financieros	(1.000)	Gastos financieros	(1.000)
Impuesto Sociedades	(3.000)	Impuesto Sociedades	(3.000)
Beneficio neto	**21.833**	**Beneficio neto**	**14.333**
Margen beneficio neto	26%	Margen beneficio neto	17%

4. Los gastos generales de la heladería de tu vecino representan el 30% de sus ingresos brutos, mientras que, en tu caso, los gastos

generales representan solo el 18% de los ingresos brutos. Esto se debe, básicamente, a que tu vecino ha alquilado un local más grande, ha contratado a más trabajadores y ha gastado más en publicidad.

5. Por otro lado, al haber financiado parte de tu inversión a través de un préstamo bancario, tu negocio ha tenido un coste de capital de 1.000 dólares, mientras que tu vecino, en cambio, no ha tenido ningún coste de capital, al haberse financiado con recursos propios y de familiares.

6. A nivel de impuestos, ambos negocios estáis sujetos al tipo de gravamen del Impuesto sobre Sociedades del 30%, por lo que no existe ninguna diferencia.

7. En tu caso, has decidido reinvertir en el negocio el 52% del beneficio neto obtenido, mientras que tu vecino ha optado por reinvertir la totalidad del beneficio neto. Aunque tu vecino ha optado por reinvertir un mayor porcentaje del beneficio neto, tu reinversión es superior desde un punto de vista cuantitativo (10.883 dólares vs 7.175 dólares).

Ahora bien, lo realmente importante no es lo que he explicado en el párrafo anterior (que también es importante), sino lo que te contaré a continuación: existe una gran diferencia entre la tasa de retorno sobre el capital invertido (ROIC) que genera el negocio de tu vecino (7%), y la tasa de retorno que genera tu negocio (20,88%). Esto significa que tu negocio es más rentable. Es más eficiente, ya que consigue una mayor rentabilidad por cada dólar invertido. En definitiva, tu negocio es de mayor calidad. En el corto plazo, esta diferencia no genera demasiado impacto. Sin embargo, a largo plazo es pura dinamita. Es la "levadura" que puede llegar a generar una situación de disparidad total en la valoración de ambos negocios. ¿Por qué? Porque estando así las cosas, tu negocio obtendrá en el siguiente ejercicio un retorno de 2.272 dólares sobre el beneficio reinvertido (10.883 dólares*20,88%), mientras que el negocio de tu vecino generará un retorno de 502 dólares sobre el beneficio reinvertido (7.175 dólares*7%).

Suponiendo que ambos estuvieseis reinvirtiendo la misma cantidad (7.175 dólares), tu negocio estaría obteniendo 1.498 dólares, frente a los 502 dólares obtenidos por la heladería de tu vecino. Si haces una simulación, repitiendo unas 20 o 30 veces este proceso, entenderás porque digo que la diferencia de ROIC es pura dinamita.

Evidentemente, el ROIC de ambos negocios tendrá oscilaciones durante un periodo de 20 o 30 años. Y existen otros factores que pueden afectar el retorno total de la inversión a largo plazo, tales como el crecimiento del negocio, tanto en ingresos como en beneficios.

Conclusión:

¿Si tuvieses que invertir tu dinero en alguno de los dos negocios, cuál escogerías? La heladería de tu vecino vende más helados que la tuya, pero su tasa de retorno sobre el capital invertido es bastante inferior al que obtiene tu heladería. Si bien es cierto que tu vecino ha invertido más dinero en publicidad, y esta publicidad puede generarle mayores ventas en un futuro, esto no mejorará el margen de beneficio bruto que obtiene por la venta de cada helado (a menos que su crecimiento le llevase a tener una situación de monopolio, u oligopolio, cosa que no sucederá, ya que el mercado de los helados está muy fragmentado y es un negocio sin barreras de entrada). En consecuencia, si tuviese que escoger yo, optaría por invertir en tu heladería, ya que es un negocio de mayor calidad, a través del cual podría llegar a obtener un retorno exponencialmente superior al que va a obtener tu vecino (¡no es ninguna recomendación de compra!:)).

12. En busca del precio justo

Entender el funcionamiento de los negocios en los que inviertes, conocer los productos y/o servicios que ofrecen y tener conocimientos básicos de contabilidad y finanzas que te permitan analizar la salud del negocio, son factores clave para poder tomar buenas decisiones de inversión, tal y como te he explicado en los anteriores capítulos. Sin embargo, estos factores no te servirán de mucho si pagas un precio demasiado elevado por el negocio que deseas adquirir. Si compras caro, es probable que acabes obteniendo un retorno modesto, o incluso negativo, pese a tratarse de un gran negocio. Si no me crees, puedes preguntárselo a los accionistas de Microsoft del año 1999, los cuales tuvieron que esperar unos 16 años a que el precio de la acción estuviese por encima de su precio de compra, pese a tratarse, sin lugar a dudas, de uno de los mejores negocios del mundo.

¿Son de calidad las zapatillas de la marca Nike? Por supuesto. ¿Estarías dispuesto a pagar 6.000 dólares por adquirirlas? ¡Por supuesto que no! Pues bien, en el mundo de la inversión ocurre exactamente lo mismo, y es que, por muy buena que sea la calidad de un bien o de un servicio, todo tiene un precio justo o razonable.

En términos generales, podemos afirmar que la calidad de un bien o de un servicio aumenta el precio que estamos dispuestos a pagar por él, pero no de forma infinita, por lo que es importante delimitar el rango de precios que estaría dispuesto a pagar el mercado por adquirir un determinado negocio.

En el mercado de valores se dan dos fenómenos impropios de cualquier mercado.

En primer lugar, ocurre que la mayoría de los compradores no adquieren los productos que están de oferta, a precios rebajados, sino que suelen fijarse en los más caros. Es decir, suelen comprar las acciones que están de moda, las más calientes, aunque eso conlleve tener que pagar un sobreprecio. En cualquier otro mercado ocurre lo contrario, es decir, la gente se avalancha sobre las ofertas y descuentos comerciales, y no está dispuesta a pagar 6.000 dólares por unas zapatillas Nike que en realidad valen 100 dólares (60 dólares en "Black Friday"). Pues bien, en el mercado de valores suele ocurrir lo contrario. Los inversores se sienten atraídos por las zapatillas Nike cuando valen 6.000 dólares, y obvian las mismas zapatillas cuando valen 100 dólares (si es "Black Friday" y están a 60 dólares, directamente odian las dichosas zapatillas). La voluntad de pertenencia a un grupo social, como instinto animal básico de supervivencia y autoprotección, bloquea el sentido de la oportunidad y, en ocasiones, anula por completo el sentido común.

Y el segundo fenómeno, impropio de cualquier mercado, es que el comprador típico de acciones suele desconocer el precio que está pagando por adquirir una participación en un negocio. Es decir, sabe que está pagando 1.000 dólares, o 4.000 dólares, por la compra de un puñado de acciones, pero muchas veces desconoce si está pagando mucho o poco por el porcentaje de participación en el negocio que está adquiriendo. Las personas dedican tiempo y esfuerzo para saber si están pagando mucho o poco por un microondas, una lavadora o un sofá, pero en cambio, invierten 10.000 dólares en acciones de una empresa que no conocen, tras haber escuchado en algún medio de comunicación que se revalorizará en los próximos meses. La ambición desmedida, y la impaciencia, nublan la mente del inversor, provocando este fenómeno.

Por lo tanto, el mercado de valores es un lugar en el cual una gran parte de los participantes tiende a pagar un sobreprecio por los bienes que adquiere, ya sea porque está adquiriendo las acciones de moda (recalentadas), o bien porque adquiere acciones sin valorar el negocio subyacente que está comprando. Este escenario abre un mundo de oportunidades a los inversores que sí se preocupan por la valoración del negocio que están adquiriendo y, a su vez, saben evitar las acciones que están de moda, ya que gracias a la existencia de estos dos fenómenos pueden comprar negocios por un precio razonable (o incluso a precio de "ganga").

La valoración de empresas es una temática que podría dar para un libro entero, por lo que mi idea no es extenderme demasiado en este aspecto. No obstante, es importante que tengas en cuenta lo siguiente:

- El precio de una acción debe analizarse considerando las métricas contables del negocio subyacente que se está adquiriendo, así como las estimaciones futuras del negocio. ¿Qué beneficios por acción tiene la empresa, y hasta dónde pueden llegar en un futuro? ¿Qué flujo de caja libre por acción me va a generar este negocio? A beneficio constante, ¿cuántos años tardaré en recuperar mi inversión? ¿Dentro de diez años, este negocio valdrá más que ahora, considerando su historial de ingresos y beneficios, la calidad de los bienes o servicios que ofrece y la tendencia del sector en el cual opera?

- El precio de una acción también está afectado por el contexto macroeconómico del momento (inflación, recesión, tipos de interés, rendimiento ofrecido por otros activos, etc.), así como por la evolución del ciclo económico. En consecuencia, cuando analices el precio de una acción, intenta identificar el momento del ciclo económico en el cual te encuentras, para saber si el precio puede estar inflado o deprimido, y así poder realizar los ajustes de valoración que creas convenientes.

- El precio de una acción es el resultado de la intervención humana, mostrada en forma de oferta-demanda. El punto de conexión entre ambos valores (oferta-demanda) determina el precio actual de la acción. En la medida en que los volúmenes de oferta y demanda varían cada día, el precio de la acción también lo hace. El sentimiento y las expectativas actuales de los inversores, respecto el futuro de un negocio, no tienen por qué coincidir con el valor real de ese negocio. En consecuencia, suele existir un "gap" entre el valor real del negocio (conocido como "valor intrínseco"), y su precio de mercado. Es tarea del inversor adquirir la acción cuando su precio de mercado está por debajo del valor intrínseco del negocio subyacente, si quiere invertir con un margen de seguridad.

- El mejor momento para comprar acciones de una empresa, es cuando su precio de mercado está por debajo del valor intrínseco del negocio. No obstante, si el negocio crece y es de calidad, la historia nos ha demostrado que puede pagarse un precio justo o razonable, y aun así obtener una gran rentabilidad a largo plazo.

- En cualquier caso, es importante no pagar demasiado por ningún negocio, ya que la historia también nos ha demostrado que las altas expectativas de futuro suelen ser la antesala de grandes decepciones.

- Tal y como citó el gestor de fondos Howard Marks, *"no hay ningún activo que sea tan bueno como para no poder ser sobrevalorado y convertirse en una mala inversión, y muy pocos activos son tan malos como para no poder estar infravalorados y ser una buena inversión".* Es decir, lo que quiso decir Howard Marks con esta frase es que, sea cual sea la calidad de un negocio, siempre debe tenerse en consideración el precio que se está pagando por adquirirlo.En mi opinión, lo que dice Howard Marks es correcto en el corto y medio plazo. No obstante, a largo plazo, será la calidad del negocio y su crecimiento, y no el precio que hayas podido pagar, lo que determinará el retorno de tu inversión.

Muchas acciones se venden a precio de "ganga". Tu tarea como inversor, consiste en analizarlas y determinar si estás ante una oportunidad (por tratarse de un buen negocio cuyo precio está deprimido temporalmente), o bien si estás ante un pésimo negocio, cuyas expectativas solo pueden garantizar que en un futuro tus acciones se venderán por menos de lo que valen hoy (cuidado con estas situaciones, conocidas como "trampas de valor", ya que muchos inversores cometen este error).

13. Gestiona los riesgos

"Regla número 1: nunca pierdas dinero. Regla número 2: nunca olvides la regla número 1."

-Warren E. Buffett-

La anterior frase de Warren Buffett, el legendario inversor, nos recuerda que el principal objetivo de la inversión es preservar el capital que utilizas para invertir. Si pierdes el capital, tendrás que volver a empezar de cero, habrás tirado por la borda el fruto de meses o años de duro trabajo, y no habrán servido de nada los esfuerzos que has estado haciendo para acumular estos ahorros. Por esta razón, es importantísimo que inviertas con prudencia, llevando a cabo una buena gestión del riesgo, porque todas las inversiones tienen un componente de riesgo.

Además, ten en cuenta que, por razones de aritmética matemática, las pérdidas tienen un impacto superior a las ganancias. Por ejemplo, si el precio de una acción baja un 33,33%, tendrá que subir un 50% para alcanzar el precio inicial. Por lo tanto, difícilmente podrás tener éxito en el mundo de la inversión si no gestionas bien el riesgo de tus inversiones.

A continuación te muestro cuales son, en mi opinión, los principales riesgos que debe vigilar un inversor en acciones:

- **Riesgo de mercado:** es el riesgo de sufrir una pérdida de valor permanente como consecuencia de cambios u oscilaciones en los precios de cotización.

La pérdida de valor temporal, provocada por la volatilidad de los precios, no es un riesgo de mercado, en mi opinión, pese a que determinados inversores (sobre todo institucionales), lo consideran un riesgo. La eventual pérdida de valor temporal de un activo es inherente a la naturaleza de cualquier mercado, ya que en todos los mercados se producen oscilaciones en el precio de los bienes como consecuencia de la relación oferta/demanda, o bien a raíz de otros factores macroeconómicos (guerras, pandemias, etc.). La volatilidad en el precio de un activo, solamente refleja el sentimiento o la percepción de la comunidad inversora respecto el valor de ese activo, en un determinado momento temporal. Pero el valor real del activo no se ve afectado por lo que piensa o cree la comunidad inversora en un determinado momento, sino que solamente se verá afectado por la evolución real del negocio subyacente.

- **Riesgo de tipo de cambio:** Este riesgo solamente opera cuando inviertes a través de una divisa distinta a tu divisa local o de referencia. Es el riesgo de obtener pérdidas como consecuencia de las oscilaciones que se produzcan entre tu divisa de referencia y la divisa utilizada para invertir. La mayoría de las acciones solamente cotizan en un mercado, y a través de una única moneda, por lo que si pretendes invertir en ellas, primero deberás canjear tu moneda local por la moneda de negociación del referido activo. En estos casos, este riesgo de tipo de cambio debe sumarse al riesgo de mercado.

- **Riesgo de liquidez:** es el riesgo de no poder deshacer una posición en el plazo deseado, y al precio que se pretendía, como consecuencia del escaso volumen de negociación de una determinada acción.

- **Riesgo-país:** es el riesgo de sufrir pérdidas u oscilaciones en el precio de una acción, como consecuencia de las circunstancias políticas o económicas existentes en el país en el cual se encuentra el mercado de valores.

  Muchos inversores infravaloran este riesgo, porque lo ven lejano e improbable. No obstante, es más habitual de lo que parece, y sus efectos pueden ser devastadores. Basta con ver lo que ocurre en mercados como Venezuela, Rusia o China, entre otros, para entender que, seguramente, la primera decisión que debe tomar un inversor es la de decidir en qué país quiere invertir, ya que ese será el país en el cual estará depositado su dinero.

Centrándonos en el riesgo de mercado, ¿qué debemos hacer para evitar el riesgo de sufrir pérdidas de capital permanentes?, ¿cómo debemos gestionar este riesgo?

En primer lugar, hay que entender que en cualquier campo o disciplina, el riesgo está estrechamente relacionado con el conocimiento de la materia. A mayor conocimiento de la materia, o de los actos que se están llevando a cabo, menor es el riesgo que asumimos. Y éste es el principio que debe acompañarte en todo momento. Para ello, es importante que seas humilde y sincero contigo mismo. Si no conoces una acción, si no entiendes su negocio, si no conoces el sector en el cual opera, sé humilde, acepta estos hechos y actúa en consecuencia. Si aun así deseas invertir en esa acción, debes ser capaz de entender el riesgo que estás asumiendo.

Creo firmemente que para tener éxito en las inversiones es importante no hacerse trampas al solitario. La inversión no va de saber más que tu vecino, o que tu compañero de trabajo, sino de obtener una rentabilidad satisfactoria a largo plazo, en base a tus objetivos, que te permita dormir bien pese a la volatilidad del mercado. Si puedes obtener un buen retorno invirtiendo en negocios cuyos productos conoces perfectamente, como por ejemplo “The Coca-Cola Company” o “McDonald’s”, ¿por qué invertir en negocios ajenos a tu conocimiento como, por ejemplo, compañías del sector de la biotecnología? A menos que seas un experto en el sector de la biotecnología, tengas familiares o amigos que lo son, o tengas información privilegiada sobre la evolución de una determinada compañía porque conoces a alguien que trabaja allí, evita comprar en ese sector. En la inversión no obtendrás ningún premio por haber invertido con un alto grado de dificultad, así que olvida el ego y céntrate en querer ganar dinero de la forma más lógica y simple. Esta es mi visión, y es lo que intento hacer cada vez que invierto.

Una vez que sabes lo que estás haciendo, puedes reducir o minimizar el riesgo de mercado de distintas formas y métodos. Algunos inversores recurren a instrumentos complejos, como derivados financieros u otros productos de cobertura. En mi caso, siguiendo la filosofía antes indicada, consistente en actuar siempre de la forma más lógica y simple, evito la contratación de instrumentos financieros complejos.

Otra práctica recurrente para reducir el riesgo de una inversión, es la utilización de la orden de mercado denominada "stop loss" (stop pérdidas). Funciona del siguiente modo: una vez que se ha realizado la inversión, el inversor envía una orden al bróker, consistente en vender toda la posición si el precio de la mencionada acción alcanza un determinado nivel. Por ejemplo, compro acciones de Coca-Cola a 56 dólares la acción, y en segundo lugar, envío una orden permanente a mi bróker para que venda todas las acciones que he adquirido, de forma automática, si el precio de la acción llega a 50 dólares. De esta forma, establezco la pérdida máxima que estoy dispuesto a asumir y, por tanto, limito el riesgo de mi inversión. Debo confesar que en mis inicios siempre utilizaba esta orden para limitar las eventuales pérdidas. Sin embargo, con el paso de los años he ido acumulando experiencia como inversor, y ésta me permite tener un mayor grado de confianza, conocimiento y convicción en mis inversiones, por lo que ya no utilizo la orden "stop loss". De todos modos, es una buena herramienta para gestionar el riesgo de una inversión, sobretodo para inversores principiantes.

Otra manera de limitar el riesgo consiste, simplemente, en invertir una pequeña cantidad de dinero, aceptando totalmente el riesgo de pérdida permanente. Esta opción es interesante cuando se quiere invertir en acciones de alto crecimiento (normalmente acciones del sector tecnológico), cuyo precio está sujeto a una alta volatilidad. En estos casos, el precio de la acción puede llegar a caer un 60, 80 o incluso un 90 por ciento, y pese a ello, se puede obtener un retorno espectacular a largo plazo. Por ejemplo, en el año 2000, cuando estalló la crisis bursátil conocida como "puntocom", la empresa Amazon, que por aquel entonces era una pequeña empresa disruptiva, pasó de valer 107 dólares a 7,80 dólares, en menos de un año, sufriendo una caída del 92 por ciento. Una caída de esta magnitud hace saltar por los aires todas las órdenes "stop loss", ya que la mayoría de los inversores suelen utilizarlas para limitar la caída a un 10, 20, 30 o 40 por ciento del precio de compra. Sin embargo, el inversor que no puso ninguna orden "stop loss" y tuvo el coraje de aguantar las acciones de Amazon durante 20 años, ha acabado multiplicando su inversión por más de 450 veces.

No obstante, la inmensa mayoría de las acciones tecnológicas, o de alto crecimiento, no son Amazon. Muchas de ellas acaban fracasando en su intento de ser la nueva Amazon o la nueva Apple, y por esta razón es aconsejable limitar el riesgo invirtiendo una pequeña cantidad de dinero, y a partir de aquí ver cómo se desarrolla el negocio. En estos casos, el uso de un "stop loss" puede impedir que obtengas un excelente retorno a largo plazo.

Por último, indicar que otra forma habitual de gestionar el riesgo es mediante la diversificación. Todos los gestores de capital, ya sean fondos de inversión, de pensiones o hedge funds, utilizan la diversificación para gestionar el riesgo de las inversiones que manejan. La diversificación no deja de ser la consecuencia lógica de la expresión popular "no pongas todos tus huevos en la misma cesta" (ya que si la cesta cae y se rompe, lo perderás todo). Puedes diversificar adquiriendo distintos tipos de activos financieros (acciones, bonos, fondos de inversión, ETF, oro, etc), adquiriendo acciones negociadas en mercados de distintos países (por ejemplo, EEUU, Suiza, Noruega, Canadá, etc.), adquiriendo divisas fuertes y estables que no sean tu divisa local (dólares americanos, francos suizos, libras esterlinas, etc.), adquiriendo acciones que operan en distintos sectores o industrias, etc.

En conclusión, elige el método o sistema de gestión del riesgo que mejor te parezca, o con el que te sientas más cómodo, pero no olvides jamás gestionar el riesgo de tus inversiones. En ocasiones, la nula gestión del riesgo provoca pérdidas de capital permanentes a inversores principiantes, y esta mala experiencia les empuja a abandonar totalmente el mundo de la inversión en bolsa, lo cual es una auténtica tragedia.

La buena gestión del riesgo es fundamental para tener éxito invirtiendo.

14. La psicología, tu mejor aliado

"El peor enemigo de un inversor es él mismo"

-Benjamin Graham-

Si te digo que el éxito en las inversiones depende en gran parte de la psicología, es probable que no me creas. Yo tampoco lo creía cuando empecé a invertir. Pensaba –erróneamente- que las buenas rentabilidades en bolsa estaban reservadas a brókers, analistas financieros y gestores de capitales, ya que todos ellos tienen conocimientos avanzados en finanzas. Ciertamente, es necesario tener conocimientos financieros para poder leer los Estados Financieros de una empresa y evaluarla, del mismo modo que un médico lee y evalúa los resultados de un análisis de sangre. Sin embargo, a mi modo de ver, el éxito en las inversiones requiere dominar –o, como mínimo, desenvolverse bien- en una disciplina que no tiene nada que ver con las finanzas o los números: la psicología humana.

El comportamiento del ser humano al invertir en bolsa, ha sido objeto de numerosos estudios desde hace décadas, dando lugar a un nuevo campo en las finanzas conocido como las "finanzas conductuales" ("behavioral finance"). Esta disciplina estudia las alteraciones de la mente humana al invertir, así como las percepciones sesgadas de la realidad, que conducen a la toma de decisiones de inversión irracionales.

La hipótesis del mercado eficiente

En los años 70 el economista Eugene Fama desarrolló la "teoría de los mercados eficientes", que sostiene, básicamente, que la información y creencias de los participantes del mercado están reflejadas en el precio de las acciones, por lo que su valoración es correcta. La consecuencia lógica que se desprende de esta teoría, es que ningún inversor puede batir al mercado de valores de forma consistente, en la medida en que todos los precios han sido determinados de forma correcta en cada momento. Sin embargo, numerosos estudios de mercado han demostrado que esta teoría no es correcta, ya que los inversores actúan de forma sesgada –e irracional en muchas ocasiones - al tomar sus decisiones de inversión. Y no solo eso, sino que numerosos inversores y gestores de capital han obtenido rentabilidades superiores a las del mercado, de forma consistente, durante décadas. Esto demuestra que la psicología humana o social, juega un papel determinante en la valoración de los activos financieros.

Nuestros sentimientos oscilan a diario, pudiendo pasar de la euforia a la depresión en poco tiempo. La percepción que tenemos de la realidad, de los hechos que nos rodean, tampoco es estática. Estamos sujetos a infinidad de impactos (noticias, opiniones, etc.) y nuestra mente no es ajena a los mismos. La narrativa cambia, los hechos que antes eran claros dejan de serlo, o son concebidos de forma distinta, provocando que nuestras emociones vayan de un lado a otro. En el siguiente gráfico puedes observar el ciclo emocional típico al que se enfrenta cualquier inversor:

Este gráfico explica, por sí solo, por qué hay tantas personas que pierden dinero invirtiendo en bolsa. Supongo que ya lo habrás intuido, pero te lo confirmo: la mayoría de los inversores compran acciones en momentos de emoción y euforia, y las venden cuando se desata la desesperación y el pánico. Es decir, compran por 100, durante un tiempo la acción llega a cotizar a 140 (momento de máxima euforia), pero acaban vendiéndola por 40, víctimas del pánico que se apodera de los mercados.

Por el contrario, el inversor racional o inteligente es el que, no solamente no se deja influir por los vaivenes sentimentales del mercado, sino que además, aprovecha los momentos de pánico y desesperación generalizada para adquirir buenos negocios a precio de ganga. Warren Buffett definió a la perfección esta situación, con su famosa frase *"sé temeroso cuando otros son codiciosos, y sé codicioso cuando otros sean temerosos"*.

Sesgos cognitivos

A continuación voy a exponer algunos de los sesgos cognitivos más habituales al invertir, los cuales pueden hacer que tomes decisiones erróneas:

1. **Sesgo de confirmación:** es la tendencia a buscar información específica y selectiva que sirva de fundamento para las opiniones de inversión, resaltando su importancia. De forma correlativa, se quita valor a hechos o argumentos que contradicen las opiniones de inversión, para así poder ratificar que las decisiones que se han tomado son correctas. Este sesgo es muy común, y conduce a una falsa sensación de seguridad.

2. **Sesgo de anclaje:** es la tendencia a no actualizar información del pasado, o no ajustar la tesis de inversión a la nueva realidad de la empresa o del mercado. Muchos inversores siguen anclados en el precio de compra, pese a ver como sus inversiones pierden valor a causa del deterioro de la compañía o del mercado. Eso les lleva a mantener dichas inversiones, con la esperanza de que la acción se revalorizará en algún momento, en lugar de revisar sus tesis de inversión y tomas las medidas que sean necesarias.

3. **Sesgo de familiaridad:** los inversores tienden a considerar que los negocios locales, nacionales o cercanos a su residencia habitual tienen un menor componente de riesgo, simplemente por su proximidad geográfica, o por el hecho de que los propietarios hablen su mismo idioma o tengan su misma nacionalidad. Estos elementos generan en el inversor un sentimiento de familiaridad que, a su vez, conduce a la falsa creencia de tener un mayor conocimiento sobre el negocio.

4. **Exceso de confianza:** tendencia a sobreestimar determinada información, o las propias capacidades de inversión, frente a los demás.

5. **Efecto disposición:** es la tendencia de los inversores a vender activos que han aumentado de valor, y mantener los que han bajado de valor. El motivo por el cual no realizan las pérdidas latentes se debe, en realidad, al hecho de no querer asumir que la inversión no ha sido exitosa.

6. **Sesgo de representatividad:** es la tendencia a tomar decisiones de inversión basándose en estereotipos o prejuicios, en lugar de hacerlo analizando los datos y la información disponible. Por ejemplo, invertir en compañías del sector del lujo porque una de las compañías de este sector (p.e. LVMH) ha generado grandes retornos en los últimos años.

7. **Aversión a las pérdidas:** se ha demostrado que el dolor generado por una pérdida es superior al placer que genera una ganancia. Este desequilibrio emocional justifica la tendencia generalizada de los inversores, de preferir evitar pérdidas antes que obtener ganancias.

En consecuencia, es muy importante que conozcas los distintos sesgos cognitivos que afectan a las personas a la hora de invertir, por dos motivos. El primero, para que puedas detectar situaciones de mercado en las cuales se está produciendo un desequilibrio emocional generalizado que está generando una excelente oportunidad de inversión. Y en segundo lugar, para poder identificar los sesgos que más te afectan como inversor, para así poder afrontarlos e intentar minimizarlos, o directamente eliminarlos.

Estudiar y analizar tu propia psicología como inversor, y la de los demás participantes del mercado de valores, incrementará tus posibilidades de tener éxito en las inversiones, y te ayudará a forjar la mentalidad necesaria para poder afrontar las inevitables crisis económicas o “crashes” bursátiles, a los cuales he dedicado el siguiente capítulo.

15. Cómo afrontar un "Crash" bursátil

Una de las principales razones por las cuales muchas personas se mantienen alejadas de los mercados bursátiles, es por su temor a que se produzca un "crash" (crisis) bursátil y acaben perdiendo todo, o casi todo, su dinero. Existe mucha literatura, y mucha leyenda urbana sobre las crisis bursátiles. Es una temática que tiene muy buena acogida en los medios de comunicación, gracias al enorme interés que despierta, incluso para aquellos que no han invertido jamás en bolsa. No obstante, entender qué es lo que provoca un crash bursátil, y saber cómo han evolucionado posteriormente los mercados de valores tras una crisis, es de vital importancia para poder afrontar este tipo de situaciones de forma muy distinta a como lo hace un ciudadano promedio, cuyo conocimiento general está sesgado por los medios de comunicación.

¿Qué es un "crash" bursátil? Pues bien, el "crash bursátil" no es más que una reducción brusca, y repentina, de las valoraciones de los activos financieros. En una crisis bursátil se produce una abrupta caída del precio de las acciones a raíz de la existencia de miles, o incluso millones, de órdenes de venta realizadas durante un breve periodo de tiempo. Esta venta masiva, y simultánea, provoca un desequilibrio entre la oferta y la demanda de los títulos, de forma tal que los vendedores -inmersos en un estado de pánico y desesperación- están dispuestos a rebajar el precio de venta de sus acciones lo que haga falta, con tal de encontrar un comprador y poder deshacer sus inversiones.

Hay muchas razones por las cuales puede ocurrir un crash bursátil. Algunas de las causas más comunes, son las siguientes:

- **Recesión económica**

  La recesión económica es un período de declive en la actividad económica de un país o región, caracterizado por una disminución del PIB, un aumento del desempleo y una reducción de los beneficios empresariales. Habitualmente, las recesiones económicas suelen provocar un crash bursátil, debido a la incertidumbre económica y a las bajas expectativas sobre la evolución de los beneficios empresariales.

- **Publicidad sobre malas noticias económicas, políticas o datos macroeconómicos**

  Si los medios de comunicación anuncian, por ejemplo, que se va a producir una recesión económica o una crisis política, los inversores pueden perder su confianza en el mercado y, por ende, vender sus acciones a un ritmo más rápido de lo normal. Esto puede provocar una caída abrupta del precio de las acciones. Lo más curioso es que, ni siquiera es necesario que se llegue a materializar la anunciada recesión económica, o crisis política, sino que basta con dar publicidad de las mismas para que la mayoría de los inversores huyan del mercado bursátil, en forma de estampida.

- **Especulación excesiva**

  En ocasiones, los inversores compran activos que están de moda, o que están siendo tendencia, simplemente, para poder revenderlos en el corto plazo a un precio superior, aprovechándose del frenesí especulativo. A su vez, el adquirente suele comprar el activo con este mismo ánimo de reventa inmediata, y así sucesivamente. Estos espirales de especulación sobre un determinado activo, provocan un aumento significativo de su valoración en base a expectativas de futuro irracionales, es decir, sin atender a la situación financiera real del negocio subyacente.

Cuando se produce una sobrevaloración de un activo, es importante tener en cuenta que, tarde o temprano, el precio del activo acabará ajustándose (a la baja).

- **Guerras o terrorismo**

  Los conflictos militares, así como el terrorismo, suelen mermar la confianza de los inversores y, por tanto, pueden llegar a provocar un crash bursátil.

- **Pandemia sanitaria**

  El estallido de una crisis sanitaria (pandemia), como la que sucedió en el año 2020 con el coronavirus, provoca una situación de caos y pánico entre la población, que suele trasladarse al mercado de valores en forma de crash bursátil.

Cuando se produce un crash bursátil, sea cual sea la causa que lo ha provocado, se genera una situación de incertidumbre económica, y de pérdida de confianza de los consumidores sobre la economía. Esta pérdida de confianza provoca una caída de los precios, y esta caída de precios retroalimenta el miedo de los inversores, que se extiende a toda velocidad. A todo ello, debe sumarse que las empresas que pierden valor durante el crash bursátil, tienen una mayor dificultad para obtener financiación.

No obstante, si bien es cierto que en alguna ocasión el crash bursátil ha tenido efectos negativos durante un largo periodo de tiempo, como es el caso del crash bursátil de 1929, que desencadenó una profunda depresión económica (conocida como la "Gran Depresión"), en la mayoría de las ocasiones el crash bursátil solo ha producido efectos negativos a corto plazo. Además, la historia nos ha demostrado que cuando el mercado se encuentra deprimido, como consecuencia de un crash bursátil, nos encontramos ante un excelente momento para invertir. Veamos algunos ejemplos:

- **Crisis de 1956**

  En octubre de 1956 hubo una caída significativa en los mercados bursátiles de todo el mundo causada, principalmente, por la intervención militar de la URSS en Hungría y el aumento de la tensión entre los Estados Unidos y la URSS durante la Guerra Fría. Los mercados tuvieron una corrección del 21%. Sin embargo, en los años siguientes el mercado recuperó el nivel de valoración previo a la caída.

- **Crisis de 1962**

  La URSS instaló misiles nucleares en Cuba, a solo 90 millas de la costa de Florida, para impedir que EEUU invadiera la isla. Esto provocó una gran tensión entre los dos países, y durante este periodo de tiempo los mercados bursátiles de todo el mundo cayeron significativamente. Este episodio de la Guerra Fría, conocido como "la crisis de los misiles de Cuba", provocó un "flash crash", que es una caída rápida y significativa del precio de las acciones. El principal índice bursátil de EEUU, el S&P 500, sufrió una corrección del 29%. Cinco años más tarde, el mencionado índice se había revalorizado un 112%.

- **Crisis de 1970**

Se produjo una contracción económica en los Estados Unidos, que comenzó a finales de 1969 y duró hasta principios de 1971. La recesión fue causada, principalmente, por el aumento de la inflación y de las materias primas, como el petróleo, y por la subida de las tasas de interés por parte de la Reserva Federal. Durante este periodo el S&P 500 tuvo una caída del 32%. Sin embargo, en los cinco años siguientes el mencionado índice llegó a tener una revalorización del 55%.

- **Crisis de 1973**

  Esta crisis fue causada, principalmente, por el aumento de los precios del petróleo y la inflación, que tuvieron un impacto negativo en la economía global y en la confianza de los inversores. Además, la guerra de Yom Kippur, en octubre de 1973, y la crisis económica en Europa, también contribuyeron a la caída del mercado. Las acciones cayeron un 50%. Sin embargo, en los cinco años siguientes el mercado se revalorizó un 111%.

- **Crisis de 1987**

  El 19 de octubre de 1987 es conocido como el "Lunes negro", debido a la caída abrupta de los mercados bursátiles de todo el mundo que tuvo lugar en ese día. Este crash bursátil fue causado, principalmente, por la volatilidad del mercado y la falta de confianza de los inversores, que comenzaron a vender sus acciones masivamente. La caída del mercado fue acelerada por el uso de programas de compraventa automatizados, que vendieron grandes cantidades de acciones cuando el mercado comenzó a caer. La crisis de 1987 fue breve, duró un solo día, pero generó una corrección del 22,6% en el S&P 500. Sin embargo, durante los cinco años siguientes el índice llegó a revalorizarse un 127%.

- **Crisis del 2000**

  La crisis del año 2000, también conocida como la crisis de las empresas "puntocom", fue una crisis económica causada por el colapso de empresas tecnológicas que no tenían fundamentos sólidos.

  Durante la década de 1990 empezaron a florecer empresas tecnológicas relacionadas con una nueva tecnología: internet. Muchas de estas empresas no tenían beneficios o modelos de negocio sólidos, pero aun así recibieron grandes inversiones debido a la euforia del mercado. Cuando el mercado comenzó a desacelerarse, a finales de la década de 1990, muchas de estas empresas "puntocom" comenzaron a quebrar, desencadenando un crash bursátil que empezaría en marzo del año 2000 y duraría hasta octubre del año 2002. Durante este periodo, los principales índices de valores americanos llegaron a caer un 50%. No obstante, en los cinco años siguientes, estos mismos índices alcanzaron una revalorización del 122%.

- **Crisis del 2008**

  La crisis financiera e inmobiliaria de 2008 fue una crisis económica global, que comenzó en el año 2007 con el colapso de las hipotecas "subprime" en los Estados Unidos. El problema comenzó cuando muchas personas que no podían pagar sus hipotecas "subprime" (hipotecas ofrecidas a personas con ingresos bajos, o con un perfil de riesgo elevado), comenzaron a incumplir sus obligaciones de pago. Esto provocó una crisis de confianza y liquidez en el mercado financiero global y, como consecuencia de lo anterior, el precio de los inmuebles se desplomó. Durante este periodo, el índice S&P 500 cayó un 57%, desde máximos a mínimos. ¿Pero qué ocurrió en los siguientes años?

Pues que este mismo índice llegó a revalorizarse un 207%.

- **Crisis del 2020**

  En marzo del año 2020 se desató la pandemia sanitaria del COVID-19, causada por el virus SARS-CoV-2, que desencadenó una crisis de salud pública a nivel mundial. Para frenar la propagación del virus, muchos gobiernos implementaron medidas de distanciamiento social y cierres de negocios. Como consecuencia de lo anterior, se produjeron caídas significativas en los índices bursátiles mundiales. El índice S&P 500 llegó a caer un 34% en un solo mes. Sin embargo, en el siguiente año y medio, el mencionado índice obtuvo una revalorización de más del 120%.

Todas las crisis bursátiles tienen un elemento en común, y es que los índices siempre han acabado recuperándose en los años inmediatamente posteriores a la crisis bursátil. Sea cual sea la causa que ha originado la crisis, así como la duración de la misma, el mercado de valores suele recuperar su nivel previo, de promedio, en un periodo de tiempo inferior a 5 años. No obstante, antes de que se produzca esta recuperación, muchos inversores ya han vendido sus posiciones, normalmente durante la caída, afectados por el pánico generalizado.

En consecuencia, como inversor, es importante que entiendas, y aceptes, lo siguiente:

1. Los mercados de valores (todos), sufren ajustes de valoración por distintos motivos, y estos ajustes de valoración pueden ser tan intensos y repentinos que pueden llegar a provocar un desplome –en muchas ocasiones temporal- del precio de las acciones. Es algo inevitable, y si

no eres capaz de soportar estos periodos de ajuste de los precios a la baja, o de volatilidad, seguramente no estás preparado para invertir en bolsa.

2. Después de la tempestad, viene la calma. Sea cual sea la corrección provocada por la crisis bursátil, el tiempo lo cura todo, y el optimismo vuelve a florecer. Los consumidores recuperan su confianza en la economía, los inversores recuperan su confianza en los mercados, y el mercado de valores vuelve a revalorizarse, dejando atrás el episodio de crisis. Siempre ha sido así. Encontraríamos innumerables ejemplos en los más de 200 años de historia de la bolsa, y nada hace prever que no vaya a ser así en un futuro.

3. Durante el crash bursátil es importante que no vendas los títulos que tienes en la cartera de valores, sin antes haber realizado un análisis exhaustivo de los fundamentales del negocio, y de su posible evolución en base a las expectativas de futuro, ya que de lo contrario podrías estar regalando "oro". Asimismo, es aconsejable que observes con detenimiento los movimientos del mercado, ya que durante estos periodos de pesimismo generalizado suelen encontrarse muy buenas oportunidades de inversión.

16. Empresas que han multiplicado su patrimonio

El título de este libro, "Multiplica tu patrimonio invirtiendo en acciones", no es ninguna falacia, ni ninguna exageración. Gracias a la inversión en empresas, mediante la compra de acciones en el mercado de valores, cualquier persona puede llegar a incrementar su patrimonio y multiplicar por varias veces el capital inicial de su inversión. Evidentemente, no es algo que esté asegurado, sino que es solo una posibilidad, del mismo modo que también pueden obtenerse pérdidas. Pero el simple hecho de que cualquier persona tenga la oportunidad de multiplicar su patrimonio, no debido a la suerte -como ocurre con la lotería- sino por haber tomado buenas decisiones, hace que la inversión en empresas sea algo maravilloso.

A continuación te mostraré la trayectoria de algunas de las empresas que han multiplicado su valor, así como el dinero que invirtieron sus accionistas. En la medida en que existen miles y miles de empresas cuyas acciones se han multiplicado de valor, he seleccionado algunas cuyos bienes o servicios son conocidos por el público en general, para demostrarte que invertir en ellas no es una quimera que esté al alcance de pocas personas con conocimientos específicos. Cualquier consumidor podría invertir -o haber invertido- en estas empresas, con plena conciencia de lo que está adquiriendo.

1. The Coca-Cola Company.

'The Coca-Cola Company' es una de las empresas más reconocidas y exitosas a nivel mundial en la industria de las bebidas. Fundada en 1886 por John Pemberton, en Atlanta (Georgia, Estados Unidos), la compañía ha experimentado un crecimiento y un éxito casi inigualable a lo largo de su historia.

Lo que empezó siendo una bebida carbonatada vendida en una farmacia local, ha acabado convirtiéndose en una de las marcas más valiosas y conocidas en el mundo. El valor de la marca “Coca-Cola” es incalculable, y su capacidad para mantenerse fuerte dentro de la mente de los consumidores, es una proeza del márketing. La empresa ha invertido enormes recursos en la construcción y promoción de su marca, creando una identidad reconocible y asociada a momentos de felicidad, amistad y frescura. Además, Coca-Cola cuenta con una amplia red de distribución, y ha forjado relaciones sólidas con minoristas y socios estratégicos en todo el mundo, lo cual le garantiza estar presente en cualquier parte del mundo. Todas las personas conocen esta bebida, y casi todas la han probado. Se puede encontrar en cualquier bar, restaurante o supermercado, y su éxito es notorio. Si escoges a 20 personas al azar, que jamás hayan visto un balance de Coca-Cola, y les preguntas si es o no una empresa exitosa, estoy seguro de que la gran mayoría responderá afirmativamente.

En el siguiente gráfico puede observarse el comportamiento que ha tenido la acción ‘The Coca-Cola Company’ (Ticker: KO) en los últimos 30 años:

Periodo: 28/05/1993-28/05/2023.
Rentabilidad acumulada: 1.083,76%
Crecimiento anual compuesto (CAGR): 8,59%

Imaginemos que un inversor particular hubiese invertido 1.000 dólares en acciones de Coca-Cola, en mayo de 1993. Al cabo de 30 años, el valor de mercado de su inversión sería de 10.837,60 euros. Si bien es cierto que, sobre dicha cantidad, debería descontarse el efecto provocado por la inflación (pérdida de valor de la moneda), también debe tenerse en cuenta que Coca-Cola ha repartido dividendos durante los 30 años que se han tomado como referencia. En consecuencia, cualquier inversor que haya invertido en Coca-Cola hace 10, 20 o 30 años, habrá multiplicado varias veces el valor de su inversión.

2. McDonald's Corporation.

McDonald's es una de las cadenas de restaurantes de comida rápida más grandes y reconocidas a nivel mundial. Fue fundada en 1940 por los hermanos Richard y Maurice McDonald en San Bernardino (California, Estados Unidos). Inicialmente, el restaurante se centraba en la venta de hamburguesas, pero con el tiempo amplió su oferta de productos, incluyendo pollo, pescado, ensaladas y postres.

Su crecimiento ha sido imparable, y se debe a varios factores. Uno de ellos, es la innovación. Introdujo una nueva forma de entender la restauración, conocida como "comida rápida", que ha tenido un enorme éxito entre el público. Otro factor ha sido su sistema de franquicias, que le ha permitido tener una rápida expansión y consolidación de la marca en todo el mundo, a muy bajo coste.

Es un modelo de negocio con una gran eficiencia operativa, ya que puede gestionar con rapidez un gran volumen de pedidos. Asimismo, ha ido introduciendo nuevas tecnologías para mejorar esta eficiencia, como quioscos de autoservicio y pedidos en línea.

Su logotipo y personajes, como Ronald McDonald, se han convertido en símbolos reconocibles en todo el mundo, gracias a sus estrategias de marketing.

El crecimiento que ha tenido esta cadena de restauración también queda reflejado en la cotización de sus acciones:

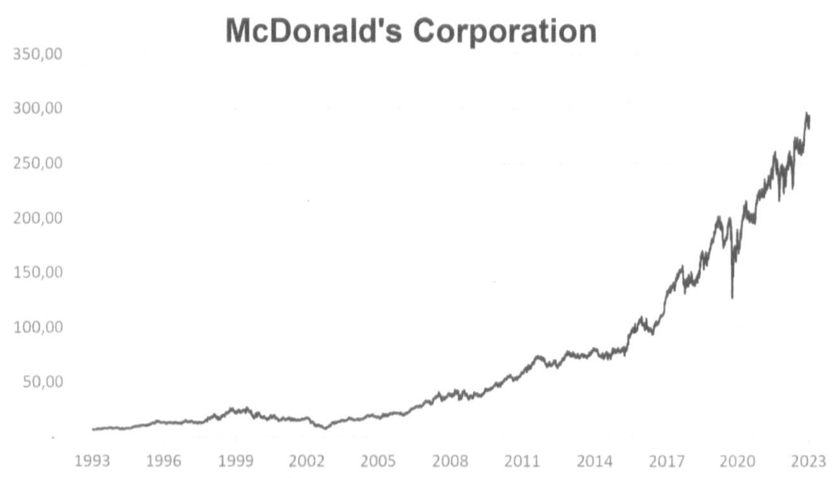

Periodo: 28/05/1993-28/05/2023.
Rentabilidad acumulada: 4.352%
Crecimiento anual compuesto (CAGR): 13,49%

Si en mayo de 1993 hubieses invertido 1.000 dólares en acciones de McDonald's, al cabo de 30 años esta inversión tendría un valor de mercado de 44.520 dólares. Es decir, habrías multiplicando por más de 44 veces el valor inicial de su inversión.

Asimismo, para calcular el retorno total obtenido en esta inversión, deberían adicionarse las cantidades percibidas en concepto de dividendos, durante el citado periodo de 30 años.

3. LVMH.

Louis Vuitton Moët Hennessy, comúnmente conocido como LVMH, es un conglomerado francés de artículos de lujo con sede en París. Fue fundado en 1987, mediante la fusión de dos empresas: Louis Vuitton y Moët Hennessy.

Louis Vuitton fue fundada en el año 1854. Era una empresa especializada en la fabricación de maletas y artículos de viaje de alta calidad. La marca destacaba por su artesanía excepcional y su innovación en los diseños.

Por otro lado, Moët Hennessy fue creada en 1971 como resultado de la fusión de dos casas de champán, Moët et Chandon y Hennessy, ambas reconocidas mundialmente por su excelencia en la producción de champagne y de coñac, respectivamente.

A partir de 1987, LVMH comenzó a expandirse rápidamente en diferentes segmentos de la industria del lujo, como la moda, perfumes, cosméticos, relojería y joyería, mediante la adquisición de marcas de lujo de reconocido prestigio. Marcas icónicas, como Christian Dior, Givenchy, Fendi, Celine, Bulgari, Sephora y TAG Heuer, entre muchas otras. Este crecimiento inorgánico ha permitido a LVMH diversificar su oferta y fortalecer su posición en el mercado de artículos de lujo.

Gracias a su diversificada cartera de marcas, todas ellas enfocadas a la excelencia y a la artesanía, al control de la cadena de valor (producción, distribución, comercialización y venta al por menor), y a su presencia global, LVMH no solamente ha conseguido tener un enorme crecimiento, sino que, además, lo ha hecho obteniendo un alto retorno sobre el capital invertido, lo cual refleja su poder para fijar precios y su eficiencia en cuanto a organización.

En el siguiente gráfico puede observarse cómo ha evolucionado la acción, desde principios de 2005 hasta junio de 2023:

Periodo: 03/01/2005-16/06/2023.
Rentabilidad acumulada: 1.435%
Crecimiento anual compuesto (CAGR): 15,94%

Los artículos de lujo que vende LVMH son mundialmente conocidos, y su éxito no es un secreto. Basta con ver las colas que se forman en las afueras de sus tiendas. Por tanto, cualquier persona tuvo esta oportunidad de inversión delante de sus ojos. Cualquiera que hubiese invertido en acciones de LVMH, a principios de 2005, y hubiese mantenido su inversión durante los siguientes 18 años y medio, habría multiplicado por más de 15 veces su inversión. Es decir, 1.000 euros invertidos a principios de 2005 se habrían convertido en unos 15.346 euros, aproximadamente, a los cuales debería añadirse la rentabilidad obtenida por dividendos durante este periodo de 18 años y medio. Una auténtica maravilla para los que hayan aprovechado esta oportunidad.

4. Visa.

Visa es una empresa que presta servicios relacionados con el procesamiento de transacciones y pagos electrónicos entre comerciantes, instituciones financieras y consumidores. Desde su creación en 1976, ha sido una empresa líder mundial en el sector de los medios de pagos electrónicos, formando un oligopolio junto con Mastercard.

Visa ha experimentado un crecimiento sustancial desde sus inicios. La entidad fue ampliando su red de bancos emisores por todo el mundo, consiguiendo que las tarjetas Visa fueran utilizadas más allá de las fronteras estadounidenses. Esta red mundial de emisores permite que cualquier tenedor de una tarjeta Visa pueda realizar pagos con tarjeta desde cualquier parte del mundo, siendo muy fácil, cómodo y beneficioso para el usuario. Esta ha sido, precisamente, la gran ventaja competitiva que ha tenido Visa (y también Mastercard), respecto a los demás competidores. La aceptación global de sus tarjetas genera un efecto network de difícil réplica.

Asimismo, la entidad ha ido reinvirtiendo parte de sus ganancias en la mejora de infraestructuras tecnológicas, que han permitido que los pagos sean seguros, rápidos y confiables.

En el siguiente gráfico puede observarse el comportamiento de la acción 'Visa', durante los últimos 15 años:

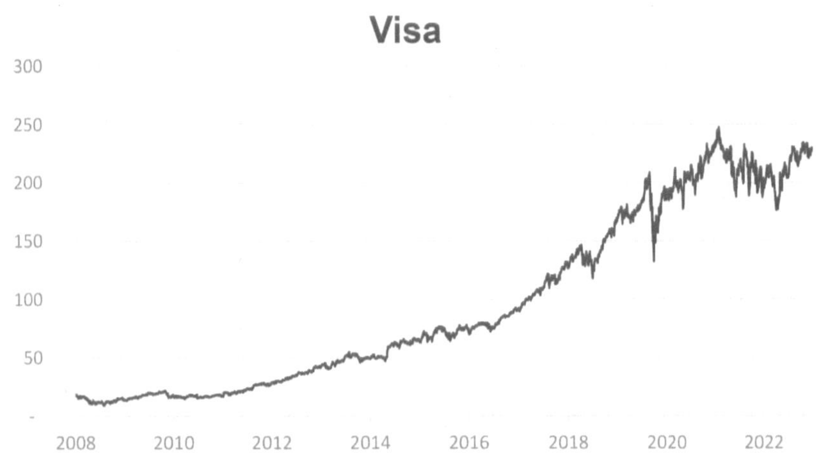

Periodo: 26/06/2008-23/06/2023
Rentabilidad acumulada: 1.189 %
Crecimiento anual compuesto (CAGR): 18,58%

En junio de 2008, la acción valía 17,81 dólares. Quince años más tarde, en junio de 2023, la acción cotizaba a 229,55 dólares. El precio de la acción se multiplicó por más de 11 veces, durante este periodo. ¿Quién no conocía a Visa en el año 2008? ¿Cuántas personas de tu entorno utilizaban una tarjeta Visa en el año 2008? ¿Por qué no compraste una acción de Visa en el año 2008?

5. Nike

Nike es una de las marcas más reconocidas y exitosas en el mundo de la ropa y del calzado deportivo. Fue fundada en el año 1964 por Bill Bowerman y Phil Knight, bajo el nombre de "Blue Ribbon Sports". Posteriormente, en

1971, Bowerman y Knight cambiaron el nombre de la empresa a Nike, en honor a la diosa griega de la victoria.

En la actualidad, Nike es conocida en todo el mundo y tiene presencia global. Sus productos son vendidos en numerosos países, y cuenta con una amplia red de distribución que incluye tiendas propias, tiendas minoristas y plataformas de comercio electrónico. Nike ha logrado mantener su relevancia y liderazgo en la industria del calzado y la ropa deportiva a través de su constante innovación, estrategias de marketing efectivas y enfoque en la calidad y el rendimiento de sus productos.

Una de las principales ventajas competitivas de Nike es su fuerte enfoque en el marketing y la creación de una imagen de marca poderosa. Han invertido considerablemente en campañas publicitarias y han contratado a numerosos atletas famosos para promocionar sus productos. El patrocinio de deportistas de renombre mundial, como Michael Jordan, hizo que la marca ganara popularidad y reconocimiento.

Es una empresa que ha sabido adaptarse a las tendencias y demandas del mercado, y con el tiempo ha diversificado su línea de productos para incluir ropa deportiva, accesorios y equipos, además de calzado.

Pues bien, en el siguiente gráfico puedes ver cómo ha evolucionado el precio de las acciones de Nike, durante los últimos 30 años:

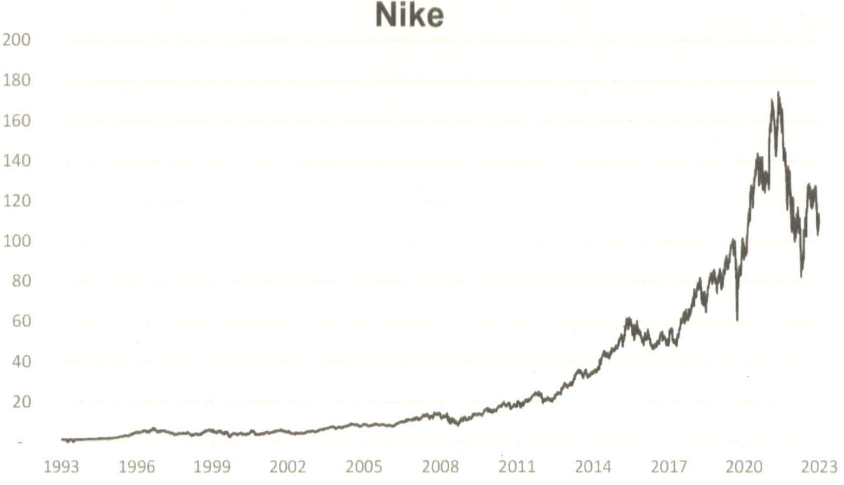

Periodo: 23/06/1993-23/06/2023
Rentabilidad acumulada: 9.141%
Crecimiento anual compuesto (CAGR): 16,26%

No puedo determinar con precisión cuantas zapatillas Nike habré comprado durante los últimos 30 años, pero estoy seguro que unas cuantas. ¿Qué hubiese ocurrido si, en lugar de comprar las zapatillas, hubiese adquirido acciones de la empresa Nike? Pues que habría multiplicado mi inversión varias veces. Si las hubiese adquirido en junio de 1993, habría multiplicado la inversión por 91 veces, hasta junio de 2023. ¡Menuda rentabilidad! Por desgracia, no lo hice. Y lo peor de todo, es que conocía perfectamente la calidad y el éxito comercial de sus productos, por lo que podría haberlo hecho, si hubiese tenido los conocimientos que explico en este libro.

6. Microsoft

Microsoft es una de las empresas de tecnología más reconocidas y exitosas a nivel mundial. Fue fundada por Bill Gates y Paul Allen en 1975, con sede en Redmond, Washington, Estados Unidos. Inicialmente, la compañía se enfocó en el desarrollo y la venta del lenguaje de programación BASIC para computadoras Altair 8800. Sin embargo, fue con el lanzamiento de su sistema operativo MS-DOS en 1981 que Microsoft comenzó a experimentar un crecimiento significativo.

El gran punto de inflexión para Microsoft llegó en 1985, cuando lanzaron Windows, un sistema operativo gráfico para PC. Windows se convirtió en la interfaz de usuario estándar para la mayoría de las computadoras personales, lo que permitió a Microsoft consolidar su posición como líder en el mercado de software. A medida que la tecnología avanzaba, Microsoft continuó desarrollando nuevas versiones de Windows, como Windows 95, Windows XP, Windows 7 y la versión más reciente, Windows 10.

Una de las principales ventajas competitivas de Microsoft es que dispone de una amplia gama de productos y servicios. Además de los sistemas operativos Windows, la compañía ha desarrollado aplicaciones de productividad como Microsoft Office, que incluye programas como Word, Excel, PowerPoint y Outlook. También han incursionado en el mercado de los videojuegos con la consola Xbox y, por otro lado, ofrecen servicios en la nube a través de su plataforma Azure.

La marca Microsoft es ampliamente conocida en todo el mundo debido a su presencia global y su impacto en la industria tecnológica. Sus productos y servicios son utilizados por millones de personas y empresas en diferentes países.

En el siguiente gráfico puedes ver cuál ha sido el comportamiento de las acciones de Microsoft, durante los últimos 30 años:

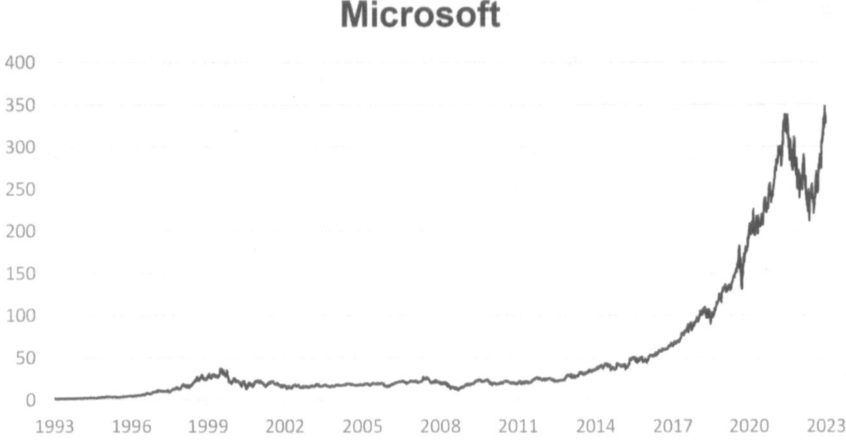

Periodo:28/06/1993-28/06/2023
Rentabilidad acumulada: 18.924%
Crecimiento anual compuesto (CAGR): 19,09%

Las acciones de Microsoft crecieron con fuerza durante la década de 1990, hasta que estalló la crisis punto.com en el año 2000. En los siguientes 10 o 12 años, la acción tuvo un comportamiento mediocre, pese a que los productos y servicios vendidos por la empresa seguían gozando de la misma popularidad, y del mismo éxito.

7. Monster Beverage

Monster Beverage es una empresa que se dedica a la producción y comercialización de bebidas energéticas. Fundada en 1935 por Hubert Hansen y su esposa, la empresa empezó produciendo y vendiendo jugos de frutas y bebidas naturales. Sin embargo, a principios del siglo XXI inició un proceso de transformación, hasta convertirse en lo que hoy conocemos como Monster Beverage.

El crecimiento de Monster Beverage se aceleró con el lanzamiento de su popular bebida energética "Monster Energy" en el año 2002. Esta bebida destacó por su marketing agresivo y su diseño de lata distintivo, lo cual provocó que sobresaliera en el mercado de bebidas energéticas. Se convirtió en un fenómeno entre los consumidores más jóvenes y activos.

Una de las razones por las cuales esta empresa ha tenido un éxito espectacular, se debe a su enfoque especializado en el nicho de bebidas energéticas. Aunque existen más competidores en el mercado de las bebidas energéticas, Monster ha logrado una posición de liderazgo gracias a su capacidad para innovar y responder a las tendencias del consumidor en este segmento específico.

El precio de la acción ha experimentado un crecimiento significativo durante los últimos 20 años, en sintonía con el crecimiento del negocio. Este crecimiento se atribuye a factores como la expansión global de la marca, la introducción de nuevas líneas de productos y la popularidad de su marca principal: Monster Energy.

Su enfoque especializado en el nicho de bebidas energéticas, y su capacidad para innovar y adaptarse a las tendencias del mercado, son factores que han contribuido a su actual posición de líder dentro de la industria de las bebidas energéticas.

En el siguiente gráfico puedes ver cuál ha sido el comportamiento de las acciones de Monster, durante los últimos 17 años:

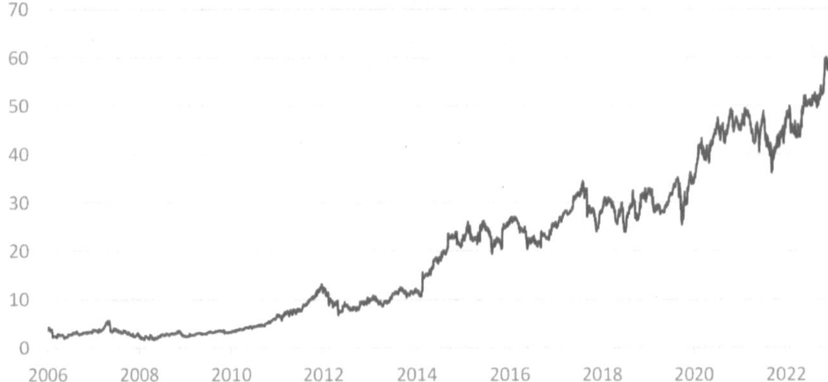

Periodo: 28/06/2006-28/06/2023
Rentabilidad acumulada: 1.472%
Crecimiento anual compuesto (CAGR): 17,59%

A largo plazo, el precio de la acción refleja, inequívocamente, la evolución del negocio subyacente, y este gráfico no hace más que corroborarlo. Si algún día encuentras un gráfico como este, ponte a analizar el negocio, porque, sin lugar a dudas, estarás ante un negocio espectacular.

Igual de espectacular que los otros seis negocios que he comentado en este capítulo, a título ejemplificativo, ya que la lista de negocios que llevan años, o décadas, incrementando su patrimonio neto es muy extensa.

Reflexión final

En los dieciséis capítulos que componen este libro he tratado de explicar, de forma clara y simple, distintos conceptos relacionados con la inversión en negocios reales, a través de la compra de acciones en un mercado de valores. En mi opinión, son las enseñanzas más importantes que debe aprender cualquier persona que desee empezar a invertir con éxito en acciones. Son las directrices básicas que debe tener en cuenta cualquier inversor. Y créeme, saber lo que es importante, de lo que no lo es, cuando uno empieza a invertir, puede ahorrarte muchos disgustos, y mucho dinero. Te lo digo por experiencia propia.

De todos modos, ten en cuenta que el contenido de estos dieciséis capítulos solamente es una introducción. La lectura de este contenido constituye una primera aproximación al mercado de valores. Si realmente deseas adentrarte en este mundo de la inversión, te animo a que no dejes de leer (libros, informes, cartas publicadas por gestores de fondos, etc.).

Ahora bien, sin lugar a dudas, las mejores enseñanzas que vas a aprender, las que dejarán una huella imborrable en tu mente, son las que vas a recibir como inversor. Y no me refiero a invertir en un simulador, sino directamente en los mercados de valores, con tu dinero real. Las enseñanzas que recibirás del mercado, mayoritariamente en forma de pérdidas, serán un auténtico máster avanzado. Normalmente, cuando uno pierde dinero en una inversión, se empeña en encontrar el error que ha cometido, y una vez lo localiza, lo graba en su mente para no cometerlo nunca más.

Te anticipo que vas a cometer errores, y que tendrás pérdidas, pero esto no debe impedirte invertir con éxito en acciones, ya que todos los inversores del mundo cometen errores y obtienen pérdidas, incluso los que han logrado multiplicar su patrimonio varias veces. Por esto es importante gestionar los riesgos, tal y como he comentado en uno de los capítulos de este libro, e invertir solamente una parte de tus ahorros, que no sea necesaria para tu sustento diario. En una ocasión, el multimillonario George Soros dijo que "No importa si aciertas o fallas. Importa cuánto ganas cuando aciertas y cuánto pierdes cuando fallas". Y realmente es así. Todos los inversores cometen errores, por lo que es importante aceptarlo, interiorizarlo, y dar por hecho que tarde o temprano sucederá.

Está demostrado que el disgusto provocado por una pérdida es superior a la alegría provocada por una ganancia. Es decir, la mayoría de los inversores prefieren no perder 100 dólares, a ganar 100 dólares. Este sesgo provoca que muchos inversores no obtengan buenas rentabilidades. Al concebir el error o la pérdida como una penalización, dejan escapar oportunidades de inversión por miedo o temor a esta penalización. Sin embargo, en mi opinión, no hay que ver el error como una penalización, sino como un hecho recurrente que te proporciona un aprendizaje de enorme valor. Siempre pueden extraerse grandes enseñanzas de las pérdidas obtenidas, si uno es capaz de realizar un ejercicio sincero de autoreflexión y autocrítica. Y es imposible, no solamente no cometer errores, sino crecer como inversor sin haberlos cometido. Por esto es importante cambiar cuanto antes tu percepción hacia el error, y aprender de ellos, ya que son los que te harán mejorar como inversor. Y si puedes aprender de los errores cometidos por los demás, a través de la lectura, eso que te ahorras.

Cuando inviertas con tu dinero (a ser posible, no el que te han regalado tus familiares en tus cumpleaños o por Navidad, sino el que has ganado tú con el sudor de tu frente), verás que entran en juego distintas emociones. En caso de que la acción se revalorice, sentirás alegría y éxtasis. Por contra, si la acción baja de precio, empezarás a sentir miedo o temor a perder el dinero invertido, y aparecerán dudas que no habían surgido antes de realizar la inversión. Es la montaña rusa a la que se enfrentan todos los inversores. Poner a prueba tus emociones como inversor, invirtiendo con dinero trabajado, es una experiencia necesaria para poder empezar a aprender.

Finalmente, me gustaría acabar esta reflexión final deseándote muchos éxitos como inversor. Espero que las enseñanzas incluidas en este libro contribuyan a ese éxito, aunque sea abriéndote la puerta hacia conceptos e ideas de enorme importancia, por simples que puedan parecer en un primer momento.

Si quieres seguir aprendiendo sobre inversiones, te recomiendo que aprendas de los que, en mi opinión, son los mejores inversores de todos los tiempos:

- Benjamin Graham (considerado el padre de la inversión en valor o *"value investing"*).
- Warren Buffett (Berkshire Hathaway)
- Charlie Munger (Berkshire Hathaway)
- Peter Lynch (Magellan Fund).
- Terry Smith (Fundsmith).
- Stanley Drukenmiller (Duquesne Capital).
- Jim Simmons (Renaissance Technologies).
- François Rochon (Giverny Capital).

¡Gracias por acompañarme hasta aquí!

Espero que este libro te haya sido útil o, al menos, interesante. En caso de que sea así, me encantaría conocer tu opinión. Las valoraciones y las reseñas en Amazon son muy importantes, no solo para los autores independientes como yo, sino también para otros lectores que buscan libros para aprender sobre inversiones.

Si deseas compartir tu opinión, de forma totalmente voluntaria, puedes hacerlo fácilmente escaneando este código QR:

Amazon.com

Amazon.es

¡Gracias de nuevo por tu tiempo y tu confianza! Te deseo mucho éxito en tu camino como inversor.

www.ingramcontent.com/pod-product-compliance
Lightning Source LLC
LaVergne TN
LVHW101947220826
846093LV00006B/137

* 9 7 9 8 3 2 0 1 1 2 5 5 8 *